Martin Weber

Der Heilige Geist

Wer er ist, was er tut und wie wir ihn erfahren können

BRUNNEN
Verlag GmbH · Giessen

Der Autor: Martin Weber, Jg. 1976, arbeitet als Referent im „Zentrum für Gemeindeentwicklung und Missionale Kirche" und wohnt in Kirchberg/Murr. Er ist verheiratet und hat vier Kinder.

7. Auflage 2025

Umschlagmotiv: Shutterstock
Satz: Uhl + Massopust, Aalen
Herstellung: Druckerei Arka, Polen
ISBN 978-3-7655-0828-8

www.brunnen-verlag.de

Inhalt

Verzeichnis der Abkürzungen

Altes Testament

1 Mo	Das erste Buch Mose
2 Mo	Das zweite Buch Mose
3 Mo	Das dritte Buch Mose
4 Mo	Das vierte Buch Mose
5 Mo	Das fünfte Buch Mose
Jos	Das Buch Josua
Ri	Das Buch über die Richter
Ruth	Das Buch Ruth
1 Sam	Das erste Buch Samuel
2 Sam	Das zweite Buch Samuel
1 Kön	Das erste Buch über die Könige
2 Kön	Das zweite Buch über die Könige
1 Chr	Das erste Buch der Chronik
2 Chr	Das zweite Buch der Chronik
Esra	Das Buch Esra
Neh	Das Buch Nehemia
Est	Das Buch Esther
Hiob	Das Buch Hiob
Ps	Die Psalmen
Spr	Die Sammlung der Sprüche
Pred	Der Prediger Salomo
Hld	Das Hohelied
Jes	Der Prophet Jesaja
Jer	Der Prophet Jeremia
Klgl	Die Klagelieder
Hes	Der Prophet Hesekiel
Dan	Der Prophet Daniel
Hos	Der Prophet Hosea
Joel	Der Prophet Joel
Am	Der Prophet Amos
Ob	Der Prophet Obadja
Jona	Der Prophet Jona
Mi	Der Prophet Micha
Nah	Der Prophet Nahum
Hab	Der Prophet Habakuk
Zef	Der Prophet Zefanja
Hag	Der Prophet Haggai
Sach	Der Prophet Sacharja
Mal	Der Prophet Maleachi

Neues Testament

Mt	Das Evangelium nach Matthäus
Mk	Das Evangelium nach Markus
Lk	Das Evangelium nach Lukas
Joh	Das Evangelium nach Johannes
Apg	Die Apostelgeschichte
Röm	Der Brief des Paulus an die Christen in Rom
1 Kor	Der erste Brief des Paulus an die Christen in Korinth
2 Kor	Der zweite Brief des Paulus an die Christen in Korinth
Gal	Der Brief des Paulus an die Christen in Galatien
Eph	Der Brief des Paulus an die Christen in Ephesus
Phil	Der Brief des Paulus an die Christen in Philippi
Kol	Der Brief des Paulus an die Christen in Kolossä
1 Thess	Der erste Brief des Paulus an die Christen in Thessalonich
2 Thess	Der zweite Brief des Paulus an die Christen in Thessalonich
1 Tim	Der erste Brief des Paulus an Timotheus
2 Tim	Der zweite Brief des Paulus an Timotheus
Tit	Der Brief des Paulus an Titus
Phlm	Der Brief des Paulus an Philemon
Hebr	Der Brief an die Hebräer
Jak	Der Brief des Jakobus
1 Petr	Der erste Brief des Petrus
2 Petr	Der zweite Brief des Petrus
1 Joh	Der erste Brief des Johannes
2 Joh	Der zweite Brief des Johannes
3 Joh	Der dritte Brief des Johannes
Jud	Der Brief des Judas
Offb	Die Offenbarung an Johannes

Fragen zu diesem Kurs

Zielsetzung

1. **Worum geht es in diesem Kurs?** Um drei Ziele, die alle gleich wichtig sind.

a. Nahrung für die Seele. – „Der Mensch lebt nicht vom Brot allein, sondern von dem Wort, das Gott spricht." In seinem Wort stellt Gott sich uns vor. Hier können wir ihn kennenlernen. Wer mehr über Gott und den christlichen Glauben erfahren will, muss sich mit der Bibel beschäftigen. Wer als Christ im Glauben wachsen will, muss sich aus dem Wort Gottes „ernähren".

b. Gemeinschaft – Im Gespräch über Glaubensfragen und Lebenserfahrungen kommen wir einander näher und können zu einer Gemeinschaft zusammenwachsen, in der man sich im Alltag und im Glauben gegenseitig trägt und unterstützt.

c. Wachstum – Dieser Kurs wendet sich auch an Menschen, die bisher mit dem christlichen Glauben noch wenig in Berührung gekommen sind. Wenn Sie immer wieder andere zu Ihren Treffen einladen, kann die Gruppe wachsen, bis eine Teilung nötig wird. Beide neuen Kreise sollen ebenso wachsen, bis sie zu groß sind und sich teilen – und so weiter.

Teilnehmer

2. **Für wen soll dieser Gesprächskreis sein?**

- Für Menschen, die Fragen an das Leben haben und wissen möchten, ob der christliche Glaube ihnen weiterhelfen kann.
- Für Menschen, die sich – neu oder wieder – intensiver mit dem christlichen Glauben beschäftigen wollen.
- Für Menschen, denen Kirche und Glauben fremd geworden sind, die aber nach einem neuen Zugang zum Glauben suchen.
- Für Christen, die die Bibel besser kennenlernen und tiefer verstehen wollen.
- Für Menschen, die im Gespräch über Glaubensfragen und im Gebet füreinander in ihrem Glauben wachsen möchten.
- Für Menschen, die mit Schwierigkeiten und Problemen zu kämpfen haben und eine Gruppe suchen, die Unterstützung und Zusammenhalt bieten kann.

Der erste Schritt

3. **Wie sollen wir anfangen?** Machen Sie sich eine Liste mit den Namen, die Ihnen jetzt als mögliche Teilnehmer einfallen. Hängen Sie die Liste an einen Platz, an dem Ihr Blick immer wieder einmal darauf fällt. Lassen Sie sie dort, bis Sie alle, die Sie auf Ihrer Liste notiert haben, gefragt haben, ob sie Interesse an einem solchen Gesprächskreis haben.

Das erste Treffen

4. **Was geschieht beim ersten Treffen?** Sie lernen einander als neue Gruppe kennen bzw. begrüßen neue Mitglieder, wenn Ihre Gruppe schon länger besteht. Sie sprechen über Ihre Erwartungen an diesen Kurs und vereinbaren „Spielregeln", die in der Gruppe gelten sollen.

Spielregeln

5. **Wie entsteht die Vereinbarung über die Spielregeln?** Sprechen Sie über die nachfolgenden Fragen, und notieren Sie die Punkte, bei denen Sie Einigung erzielen. So können Sie am Ende des Kurses gut beurteilen, ob Sie Ihre Ziele erreicht haben.

- Was ist der Zweck Ihrer Treffen?
- Wie oft wollen Sie sich treffen? (Dieser Kurs bietet Ihnen Gesprächsanregungen für 13 Treffen. Wenn Sie sich danach weiterhin treffen wollen, verlängern Sie einfach Ihre Abmachung.)
- Wo wollen Sie sich treffen?
- Um welche Uhrzeit sollen die Treffen beginnen und wie lange sollen sie dauern?
- Welchen Rahmen wollen Sie Ihren Treffen geben? Soll es Getränke und etwas zum Knabbern geben? Wer ist dafür zuständig?

Hilfreich ist es, wenn Sie außerdem **Regeln für das Gespräch in der Gruppe** vereinbaren. Dazu könnten folgende Vereinbarungen gehören:

- Was in diesem Kreis gesagt wird, ist vertraulich und wird nicht nach außen getragen.
- Wir reden nicht übereinander, sondern miteinander.
- Gesprächsbeiträge werden nicht bewertet; jeder Teilnehmer wird mit seiner Meinung ernst genommen.
- Es gibt keine „unmöglichen" Positionen. Wenn es Meinungsunterschiede gibt, begründet jeder seine eigene Sicht.

- ____________________________________

____

Sie können ergänzen, was Ihnen sonst noch für Ihre Gruppe wichtig zu sein scheint.

Zeitlicher Rahmen

6. **Wie lange dauert ein Treffen?** Die Mindestzeitangaben für die einzelnen Bausteine des Treffens sind für Gruppen gedacht, die nur eine Stunde zusammen sein können. Wenn Sie mehr Zeit zur Verfügung haben, verlängern Sie die angegebenen Zeiten einfach entsprechend.

7. **Warum verabreden Sie sich zunächst nur für eine bestimmte Anzahl von Treffen?** Weil es leichter ist, sich für einen überschaubaren Zeitraum für eine Sache zu entscheiden und sie wirklich durchzuhalten, als eine Verpflichtung auf unbestimmte Zeit einzugehen. Wenn Sie nach Abschluss des Kurses weiter als Gruppe zusammenbleiben wollen – umso besser.

Gesprächsinhalt

8. **Was wird bei den Treffen besprochen?** Im Mittelpunkt der Treffen steht der Heilige Geist und seine Bedeutung für uns heute. Anhand verschiedener Bibeltexte wollen wir darüber nachdenken, was Gottes Geist tut und wie er heute bei uns wirkt. Der Heilige Geist ist die Art und Weise, wie der dreieine Gott uns nahe ist. Daher lohnt es sich, mehr über ihn zu erfahren und durch die Beschäftigung mit Aussagen aus der Bibel den Reichtum zu erfahren, den Gott für uns bereithält. Es soll daher immer wieder ganz persönlich darüber nachgedacht werden, welche Erfahrungen Ihre Gruppe mit dem Heiligen Geist schon gemacht hat.

Das Inhaltsverzeichnis bietet eine Übersicht über die Texte und Themen.

Vielleicht möchten Sie auch ein Treffen einplanen, in dem Sie sich gemeinsam mit den Spielregeln für diese Gruppe und der Einführung zum Thema Heiliger Geist beschäftigen.

Bibelkenntnis

9. Und wenn jemand in der Gruppe wenig von der Bibel weiß? Prima! Dafür ist die Gruppe ja da. Die ERLÄUTERUNGEN geben Ihnen Hinweise zum Verständnis größerer Zusammenhänge, einzelner Ausdrücke, geschichtlicher Hintergründe oder wichtiger Personen im Text. Greifen Sie immer dann auf die Erläuterungen zurück, wenn der Sinn des Textes sich nicht von selbst erschließt.

Bibel dabeihaben. Die Texte, auf die sich dieses Heft bezieht, sind in den einzelnen Einheiten abgedruckt. Weil aber auch immer wieder einmal auf weitere biblische Zusammenhänge verwiesen wird, ist es gut, wenn die Teilnehmer auch eine Vollbibel dabeihaben, um entsprechende Stellen nachschlagen zu können.

„Hausaufgaben"

10. Was muss ich sonst noch tun? Nichts, wenn Sie nicht wollen. Aber Sie können über das hinausgehen, was in der Gruppe besprochen wird. Nicht immer werden Sie alle *Erläuterungen* gemeinsam in der Gruppe lesen und diskutieren können. Wenn Sie die Zusatzinformation voll ausschöpfen möchten, haben Sie dafür zwei Möglichkeiten:

- Lesen Sie Text und Erläuterungen vorbereitend zu Hause. Oder:
- Vertiefen Sie das Gespräch über einen Text im Anschluss an Ihr Gruppentreffen. Lesen Sie den Text noch einmal im Zusammenhang und nehmen Sie sich Zeit, die Erläuterungen zu studieren.

Der Traum

11. Der Traum, der dahintersteckt: Menschen treffen sich und wachsen zu einer tragfähigen Gemeinschaft zusammen, in der jeder eine Heimat findet und in seinen Freuden und Schwierigkeiten angenommen ist. Menschen kommen zusammen, reden über ihr Leben und ihren Glauben und begegnen der Bibel – egal, ob sie Kirchenmitglieder sind, vom Glauben bisher viel oder wenig wissen, ob sie Christen sind oder nicht.

„Serendipity"

12. Was heißt Serendipity? „Die Gabe, zufällig glückliche Entdeckungen zu machen". Genau darum geht es beim Kursmaterial „Serendipity bibel": Menschen kommen ins Gespräch über das Leben und den Glauben, tauschen Erfahrungen aus, setzen sich mit Fragen nach Gott und der Welt, nach Glauben und Bibel auseinander und machen dabei – möglicherweise ganz unvermutet – wertvolle Entdeckungen für ihr Leben.

Hinweise für Gruppenleiter

13. Weitergehen. Weitere Kurshefte zu vielen biblischen Themen finden Sie auf unserer Homepage:
https://www.brunnen-verlag.de/serendipity

Wie verläuft ein Treffen?

Jedes Treffen besteht aus drei Teilen:

EINSTIEG
(15–20 Minuten)

Der **Einstieg** bietet Hilfen an, um sich untereinander kennenzulernen und ins Gespräch zu kommen. Die Impulse in diesem Teil zielen darauf ab, mehr voneinander zu erfahren, damit gute Beziehungen untereinander wachsen können.

BIBELGESPRÄCH
(30–40 Minuten)

Lesen Sie den **Bibeltext** zunächst gemeinsam. Die **Fragen** in diesem Teil beziehen sich auf den Bibeltext bzw. das Thema der Gesprächseinheit. Sie helfen, den Bibeltext zu erschließen, und geben Ihnen einen Leitfaden für Ihr Gespräch. Greifen Sie immer dann auf die **Erläuterungen** zurück, wenn der Sinn des Textes sich nicht von selbst erschließt.

Sie werden vielleicht nicht alle Fragen in der zur Verfügung stehenden Zeit ansprechen können. Wählen Sie dann einfach die aus, die Ihrer Gruppe am wichtigsten erscheinen.

Wenn Ihre Gruppe recht groß ist, können Sie auch überlegen, ob Sie sich für das Bibelgespräch – immer oder hin und wieder – in kleinere Gruppen (etwa zu viert) aufteilen. Das gibt jedem Einzelnen die Möglichkeit, häufiger zu Wort zu kommen.

Wichtig: Zu manchen Fragen möchten Sie sich vielleicht nicht in der Gruppe äußern. Geben Sie aber Ihre Antwort für sich persönlich. Natürlich hat jeder die Freiheit, nur das mitzuteilen, was er wirklich möchte.

AUSTAUSCH
UND GEBET
(15–40 Minuten)

Hier ist Gelegenheit, den Text noch einmal ganz persönlich auf sich wirken zu lassen und, wenn Sie möchten, persönliche Anliegen anzusprechen. Dieser **Austausch** und das gemeinsame **Gebet** füreinander dienen ganz entscheidend dem Zusammenwachsen und dem Aufbau einer tragfähigen Gemeinschaft.

Die **Mindestzeitangaben** sind für Gruppen gedacht, die nur eine Stunde zur Verfügung haben. Wenn Sie mehr Zeit haben, verlängern Sie die angegebenen Zeiten einfach entsprechend.

Zum Umgang mit den Erläuterungen

Sie werden nicht jede Erläuterung zu jedem Einzelvers gemeinsam in der Gruppe lesen können. Gelegentlich wird in den Gesprächsimpulsen auf einzelne Erläuterungen Bezug genommen. Wenn Sie die Zusatzinformation der Erläuterungen voll ausschöpfen möchten, haben Sie dafür zwei Möglichkeiten:

- Lesen Sie Text und Erläuterungen vorbereitend zu Hause.
- Oder vertiefen Sie das Gruppengespräch, indem Sie den Text noch einmal im Zusammenhang lesen und die Erläuterungen studieren.

Einführung: Die Kraft des Heiligen Geistes

Stellen Sie sich vor: Die Jünger, die mehrere Jahre ganz eng mit Jesus zusammen gewesen waren, sitzen verängstigt im hintersten Zimmer eines Jerusalemer Hauses. Ihr Lehrer ist tot – gekreuzigt. Und sie waren abgehauen, aus Angst um ihr eigenes Leben. Sie konnten einfach nicht verstehen, warum Gott dieses schreckliche Ereignis zugelassen hatte.

Wenige Tage später erscheint ihnen Jesus. Ihr Herr – wieder lebendig? Unglaublich! Doch er ist es, sie sind Augenzeugen! In den folgenden 40 Tagen lehrt sie der auferstandene Jesus erneut, und sie genießen voller Glück die Gemeinschaft mit ihm.

Doch schon ist die nächste Überraschung da: Er geht für immer! Fährt in den Himmel auf. Wieder fühlen sich die Jünger allein und verlassen! Wieder greift die Angst nach ihren Herzen. Doch was verspricht Jesus ihnen bei seiner Himmelfahrt? „Wenn der Heilige Geist auf euch herabkommt, werdet ihr mit seiner Kraft ausgerüstet werden, und das wird euch dazu befähigen, meine Zeugen zu sein – in Jerusalem, in ganz Judäa und Samarien und überall sonst auf der Welt, selbst in den entferntesten Gegenden der Erde.“ (Apg 1,8).

Lange Stunden und Tage können sie damit nichts anfangen. Doch an Pfingsten erfüllt es sich dann: Der Heilige Geist kommt über sie. Plötzlich sind all ihre Ängste und ihre Scheu wie weggeweht. Petrus steht auf und hält eine herausfordernde Predigt. Der Heilige Geist schenkt, dass 3000 Menschen an einem Tag zum Glauben an Jesus finden.

Die Jünger hatten ja darauf gewartet, dass sich die Verheißung ihres Meisters erfüllte. Doch dann wurden sie in einem Maß beschenkt, wie sie es nie für möglich gehalten hätten. Denn wo der Heilige Geist in Erscheinung tritt, kommt Bewegung ins Spiel. Am ersten Pfingstfest ereignete sich eine Art Explosion, die mit ihren Schockwellen in kürzester Zeit die ganze damals bekannte Welt erschütterte. Wenn wir Pfingsten feiern, erinnern wir uns an dieses unerschöpfliche Energiereservoir.

Doch wie ist es heute mit dem Heiligen Geist? Bei vielen Menschen herrscht hier Ungewissheit oder Ratlosigkeit vor.

Bei dem Wort „Geist“ denkt manch einer an eine Art Gespenst. Oder man verbindet damit einen besonders großartigen Verstand oder Intellekt: Wenn ein Gedicht im „Geist Goethes“ verfasst wurde, heißt das schon was!

Doch wer ist der Heilige Geist? Vielleicht kennen manche eine Darstellung aus der Kunst, die ihn als Taube oder Feuer zeigt. Aber was tut er? Wie erfahre ich ihn?

Die Bibel lehrt, dass der Heilige Geist erfahrbar ist als Kraft Gottes. Und doch ist er mehr als ein bloßer Einfluss; er ist eine Person: Er spricht und sendet (Apg 13,2), er lehrt (Joh 14,26), er betet (Röm 8,26), und er kann betrübt werden (Eph 4,30).

Wenn der Heilige Geist aber eine Person ist und es bei Paulus sogar heißen kann: „Der Herr ist der Geist“ (2 Kor 3,17; L), wie denken wir dann über das Verhältnis von Gott Vater, Gott Sohn und Gott Heiligem Geist? Auch dies wollen wir im Laufe unserer Treffen herausfinden.

Das Neue Testament beschreibt den Heiligen Geist auch als Gottes Gabe. Er ist Gottes Geschenk an uns. Doch erstaunlich: Diese Gabe teilt wiederum selber Gaben aus! Wir

Christen sind also überreich beschenkt – zum einen mit dem Heiligen Geist selbst, zum anderen mit ganz persönlichen Gaben von ihm. Indem wir diese Geschenke einsetzen, soll Gott zu Ehren kommen – und wenn das geschieht, profitiert auch der Mensch davon.

Wenn Sie sich nun auf den Weg machen, Gottes Geist zu entdecken, dann machen Sie sich auf ihn gefasst! Denn es ist Gottes erklärtes Ziel, durch seinen Heiligen Geist den Menschen nahe zu sein. Der Heilige Geist ist Gott selbst, der unser Leben revolutioniert.

Dieses Heft ist so aufgebaut, dass wir zunächst klären, wer genau der Heilige Geist ist und was es mit der Dreieinigkeit auf sich hat. Im Folgenden gewinnen wir einen Überblick, was sich an der Wirkweise des Heiligen Geistes vom Alten zum Neuen Testament ändert. Im nächsten Schritt wird's dann persönlich: Was habe ich heute vom Heiligen Geist? Und hat auch meine Gemeinde etwas vom Heiligen Geist? Welche Gaben gibt der Geist und wie hilft er mir konkret? Schließlich behandeln wir den Heiligen Geist als Vollender aller Dinge am Ende der Zeiten.

Paulus schreibt einmal: „Wer lebt, um dem Geist zu gefallen, wird vom Geist das ewige Leben erhalten" (Gal 6,8; NL). Das ist Ziel eines jeden Christen: so zu leben, dass es Gott gefällt, dass Gott Freude an ihm hat. Wenn wir Jesus nachfolgen, stellt Gottes Geist uns ein Leben in nicht gekanntem Maß in Aussicht: das ewige Leben, das vom Ewigen geprägt ist. Das ist der große Bogen des Christseins.

In der Bibel finden sich die Aussagen zum Heiligen Geist nicht in gegliederter Form, sondern eher verstreut. Daher werden wir in den Kapiteln dieses Heftes einzelne Bibelverse in den Vordergrund stellen, andere flankierend hinzunehmen. Wer das Heft also mit größerem Gewinn lesen möchte, halte eine Bibel bereit, um zusätzliche Verweisstellen nachzuschlagen, die nicht im Wortlaut abgedruckt sind. Abgedruckte Bibeltexte sind vorwiegend der „Neuen Genfer Übersetzung" entnommen, gelegentlich werden andere Übersetzungen zugrunde gelegt und sind entsprechend gekennzeichnet.

Wer ist der Heilige Geist?

Johannes 14,15-21

EINSTIEG
(15–20 Minuten)
Wählen Sie bitte eine oder zwei Fragen aus.

1. Kennen Sie Waisenkinder? Worin könnte sich ihr Leben von Ihrem eigenen unterscheiden?

2. Wer Eltern hat, bekommt im Normalfall sehr viel Liebe geschenkt. Wie haben Ihre Eltern Ihnen Liebe entgegengebracht? Wie zeigen Sie Ihren Kindern, dass Sie sie lieben?

3. Falls Sie keine so guten Erfahrungen in Ihrer Familie gemacht haben: Was hat Ihnen konkret gefehlt? Wie hätten Sie sich die Liebe Ihrer Eltern gewünscht?

4. Inwiefern könnten sich Menschen ohne den Heiligen Geist bzw. ohne Glauben an Jesus Christus als Waisenkinder fühlen?

5. Haben Sie konkrete Erwartungen an den Heiligen Geist?

BIBELTEXT

Nicht wie Waisen

15 “Wenn ihr mich liebt, werdet ihr meine Gebote halten. 16 Und der Vater
wird euch an meiner Stelle einen anderen Helfer geben, der für immer bei
euch sein wird; ich werde ihn darum bitten. 17 Er wird euch den Geist der
Wahrheit geben, den die Welt nicht bekommen kann, weil sie ihn nicht sieht
und nicht kennt. Aber ihr kennt ihn, denn er bleibt bei euch und wird in euch
sein.

18 Ich werde euch nicht als hilflose Waisen zurücklassen; ich komme zu
euch. 19 Nur noch kurze Zeit, dann sieht die Welt mich nicht mehr. Ihr aber
werdet mich sehen, und weil ich lebe, werdet auch ihr leben. 20 An jenem
Tag werdet ihr erkennen, dass ich in meinem Vater bin und dass ihr in mir
seid und ich in euch bin. 21 Wer sich an meine Gebote hält und sie befolgt,
der liebt mich wirklich. Und wer mich liebt, den wird mein Vater lieben; und
auch ich werde ihn lieben und mich ihm zu erkennen geben.“

Bilden Sie evtl. Zweiergruppen, die die angegebenen Verse im Kontext nachschlagen, und tragen Sie in der Gesamtgruppe zusammen, was Sie herausgefunden haben.

BIBELGESPRÄCH

(30–40 Minuten) Wählen Sie ggf. unter den Fragen aus.

1. Jesus fordert uns auf, nach seinen Vorgaben zu leben. Wie lauten seine Gebote?

2. Dieser Abschnitt ist gerahmt durch Aussagen über das Lieben. Welcher Zusammenhang besteht zwischen der Liebe und dem Heiligen Geist bzw. dem Halten der Gebote Jesu und dem Heiligen Geist?

3. Welche Berechtigung hat es, dass Jesus seine Jünger so deutlich von der Welt abgrenzt?

4. Wenn Jesus seinen Vater bittet, an seiner Stelle den Heiligen Geist zu senden (V. 16), wie passt das zu seiner Aussage in V. 18, dass er selbst kommen wird?

5. Wie stellen Sie sich das Miteinander von Vater, Sohn und Geist vor?

6. Vergleichen Sie das Ende von V. 16 mit der Aussage Jesu in Mt 28,20: „Und seid gewiss: Ich bin jeden Tag bei euch, bis zum Ende der Welt." Fällt Ihnen etwas auf?

AUSTAUSCH

(15–30 Minuten) Wählen Sie ggf. unter den Fragen aus. Sie können das Gespräch mit einem gemeinsamen Gebet abschließen.

1. An welchem Punkt in Ihrem Leben wünschen Sie sich die Nähe des Heiligen Geistes besonders? In welchem konkreten Lebensbereich soll er Ihnen helfen?

2. Der „Geist der Wahrheit" möchte uns immer mehr das Wesen und die Liebe Jesu zeigen. Wie gut kennen Sie Jesus? Sind Ihnen die biblischen Berichte über ihn vertraut? Wenn Sie mehr über ihn erfahren wollen, wie wollen Sie das konkret angehen?

3. Entdecken Sie bei sich und in Ihrer Umgebung Lernfelder, wo Sie die Gebote Jesu – insbesondere sein Liebesgebot – mehr befolgen sollten? Welche Namen von Personen fallen Ihnen ein?

Zusammenhang des Textes: Johannes berichtet in seinem Evangelium von Kapitel 1,19 bis Kapitel 12,50 vom öffentlichen Wirken Jesu. Danach (Joh 13 – 17) bleibt Jesus im engsten Kreis seiner Jünger und hält eine lange Abschiedsrede. Hier bereitet er sie auf die Zeit vor, wenn er nicht mehr bei ihnen sein wird. Für diese Zeit verspricht er ihnen den Heiligen Geist, den seine Jünger dann beim Pfingstfest erhalten (vgl. Apg 2). Seit diesem Ereignis ist das Leben jedes einzelnen Christen kein Unternehmen, bei dem man auf sich selbst gestellt ist, sondern Teamwork. Gottes Geist gestaltet das Christsein entscheidend mit. Daher wird die Zeit von Pfingsten bis zu Jesu Wiederkunft das Zeitalter des Geistes genannt.

In den sogenannten Abschiedsreden (Joh 13–17), in denen Jesus seinen Jüngern sozusagen sein Vermächtnis hinterlässt und sie auf die kommenden Ereignisse vorbereitet, finden sich fünf sogenannte Parakletsprüche (Joh 14,16+17; 14,26; 15,26+27; 16,7b-11; 16,13-15). Sie geben uns ersten Aufschluss über den Heiligen Geist – wer er ist und was er tut. Auffällig ist, dass diese Sprüche umgeben sind von Texten, in denen es um die Liebe der Jünger untereinander geht, so auch hier im Zusammenhang des ersten Parakletspruchs (Joh 14,15-21). Im Fokus stehen damit zuerst Jesu Jünger, doch immer auch wir als christliche Gemeinde. Wenn im Text also von Jüngern die Rede ist, ist jeder Christ gemeint.

14,15. Wenn ihr mich liebt, werdet ihr meine Gebote halten. Jesus hatte in seinen Predigten und in der Weise, wie er den Menschen begegnet ist, Liebe vorgelebt. Von diesem Vorbild sollen die Jünger sich leiten lassen. Es ist kein Befehl, den Jesus gibt. Sondern aus dankbarer Liebe zu ihm, dass er sie erlöst hat, wird dies ihr eigenstes Verlangen.

14,16. Und der Vater wird euch an meiner Stelle einen anderen Helfer geben, der für immer bei euch sein wird; ich werde ihn darum bitten. Die Neue Genfer Übersetzung gibt das griechische Wort Parakletos (Paraklet) mit **Helfer** wieder. Wörtlich heißt es der „Herbeigerufene“. Die ursprüngliche Bedeutung ist, einen Sprecher zu haben, der für einen aussagt – ähnlich wie heute ein Anwalt vor Gericht die Sache seines Mandanten vertritt.

Dementsprechend wird als Aufgabe des Heiligen Geistes **helfen** genannt. Er hilft uns Christen ganz praktisch, als Jesu Jünger in dieser Welt zu leben. Wir müssen nichts aus eigener Kraft tun, sondern können immer an Gottes Kraft andocken. Wir sind im Alltag nicht allein, sondern können uns an den wenden, der bereitsteht, unseren Glauben zu stärken, die Bibel zu erklären, Wegweisung bei kleinen und großen Entscheidungen zu geben, Antworten auf Fragen zu eröffnen usw. Seine Hilfe ist verlässlich.

Wenn Jesus den Vater bittet, dass er an seiner Stelle einen anderen senden soll, bezeichnet er sich indirekt selbst auch als Helfer und einen, der **für immer bei euch sein wird.** Als irdischer Mensch konnte Jesus nur eine kurze Zeit dieser Anwalt sein. Der „andere Anwalt“, den der Vater auf die Bitte des Sohnes geben wird, ist in Ewigkeit bei den Jüngern – zu allen Zeiten und an allen Orten.

14,17. Er wird euch den Geist der Wahrheit geben, den die Welt nicht bekommen kann, weil sie ihn nicht sieht und nicht kennt. Aber ihr kennt ihn, denn er bleibt bei euch und wird in euch sein. Die Wendung **Geist der Wahrheit** besagt, dass der Heilige Geist Zeuge für die Wahrheit ist. Das heißt, er führt uns immer weiter zur tieferen Erkenntnis der Wahrheit. Sein Wunsch ist es, dass die Jünger die Person gewordene Wahrheit, Jesus Christus (vgl. Joh 14,6), immer besser kennenlernen.

Die Welt kann Jesus nicht aufnehmen und will es auch nicht, weil sie **blind** ist. Sie erkennt Jesus nicht als die eine Wahrheit des Vaters, als dessen einzigen Sohn, der sich aus Liebe für sie hingibt (vgl. Joh 3,16). Mit **Welt** sind die Menschen gemeint, die Jesus ablehnen. Diese Sünde zieht den Zorn Gottes auf sich (vgl. Joh 3,36). Damit „weltliche“ Menschen umkehren und glauben, braucht es die Kraft des Heiligen Geistes. So wird aus „Welt“ Gottes Gemeinde, also Nachfolger Jesu.

Die Jünger aber glauben an Jesus und kennen den Geist damit bereits. Seit Jesus bei ihnen lebte und ihren Alltag mit ihnen teilte, hatten sie es mit dem Heiligen Geist zu tun. Daher werden sie auch in Zukunft nicht ohne Jesus sein müssen, denn **er bleibt in euch und wird in euch sein.** Das Verhältnis Jesu zu seinen Jüngern wird also ein anderes werden, aber eher noch ein innigeres. Statt nur **bei** ihnen zu sein, wird er **in** ihnen sein – in Form des Heiligen Geistes. Hier findet die Identifikation von Jesus mit dem Heiligen Geist statt, was die spätere Kirche zur Lehre der Dreieinigkeit ausgeformt hat (vgl. 2 Kor 3,17).

Exkurs: Die *Dreieinigkeit* ist ein Denkmodell. Es will helfen, sich das Miteinander der drei göttlichen Personen vorzustellen.

Da ist zum einen der Vater. Er ist uns als Schöpfer und vor allem als Allmächtiger oft wenig greifbar, denn er tut Dinge, die wir nicht verstehen. Er steht über uns, an ihn kommen wir nicht heran.

Doch er wollte, dass wir an ihn herankommen. Deshalb kam er zu uns und wurde Mensch. „Wollt ihr wissen, wie Gott ist? Dann schaut auf mich!“, sagt Jesus, denn: „Wer mich sieht, der sieht den Vater“ (Joh 14,9; L). In Jesus ist Gott, der Vater, bei uns. Als Mensch hat Gott sich jedoch selbst in Zeit und Raum begrenzt. Seine Menschwerdung ist ein geschichtliches Ereignis zur Zeit des römischen Kaisers Augustus in dem Dorf Bethlehem (vgl. Lk 2,1ff). Und genau da liegt für uns, die wir heute leben, der Knackpunkt: Wenn Jesus nicht nur ein Geschehen damals bleiben soll, braucht es die dritte Dimension Gottes: den Heiligen Geist.

Durch den Heiligen Geist lebt Gott heute noch ganz konkret in uns. Die Erlösung, die Jesus durch Kreuz und Auferstehung errungen hat, teilt der Heilige Geist an uns Nachfolger Jesu aus.

Gott hat sich damit offenbart als ein Gott in 3-D. Eine Hilfe, sich vorzustellen, wie Gott drei Personen sein kann und doch immer nur einer ist, bietet das Wasser. Es kann die drei Aggregatzustände annehmen: fest, flüssig und gasförmig. Doch egal welchen Zustand es gerade hat, immer bleibt es Wasser. So ist es auch mit Gott. Wir haben ihn in den drei Dimensionen Vater, Sohn und Geist – und dennoch bleibt er immer ein und derselbe liebende Gott.

14,18. Ich werde euch nicht als hilflose Waisen zurücklassen; ich komme zu euch. Menschen ohne Jesus sind wie **Waisen**. Waisen hatten und haben es schwer – zur Zeit Jesu ebenso wie heute. Sie sind auf die Hilfe und Unterstützung von Verwandten und anderen Menschen angewiesen. Sollte sich keiner finden, der sich ihrer annimmt, bedeutete das früher oftmals den Tod. Doch Jesus lässt seine Jünger nicht hilflos zurück. Auch wenn er nicht mehr physisch bei ihnen ist wie bisher, will er ihnen nach seinem Weggang – er denkt schon in dieser Stunde des Abschiednehmens über Kreuz und Auferstehung hinweg an seine Himmelfahrt – in Form des Heiligen Geistes so nahe sein, dass er das vollendet, was er mit ihnen angefangen hat, als er noch körperlich bei ihnen war. Der Glaube der Jünger erhält hier die Konstante, die sie über die für sie so schmerzhafte und auch verwirrende Zeit von Kreuzigung, Auferstehung, Himmelfahrt bis Pfingsten im Glauben erhält – und auch darüber hinaus. Die irdische Person Jesus von Nazareth und der Heilige Geist sind somit verschiedene Arten, wie Gott seinen Jüngern nahe ist. Im Heiligen Geist ist Jesus Christus selbst gegenwärtig.

14,19. Nur noch kurze Zeit, dann sieht die Welt mich nicht mehr. Ihr aber werdet mich sehen, und weil ich lebe, werdet auch ihr leben. Die, die nicht an Jesus glauben, sehen nichts von dieser geistlichen Realität. Sie sind blind für den Geist Gottes. Doch die, die ihr Vertrauen auf den Gekreuzigten und Auferstandenen setzen, werden ihn nach wie vor **sehen** – sehen allerdings in übertragenem Sinne: Durch das Wirken des Geistes sehen sie, dass Jesus ihnen nah ist, erleben ihn als ihren Herrn. **weil ich lebe,** so sagt er ihnen – 1. durch Ostern, 2. in Form des Heiligen Geistes bei den Jüngern –, **werdet auch ihr leben.** Ihr Glaube wird im wahrsten Sinne des Wortes auf-leben. Gemeint ist hier ihr geistliches Leben.

Es wird sich festigen, wachsen, reifen, stark werden.

14,20. **An jenem Tag werdet ihr erkennen, dass ich in meinem Vater bin und dass ihr in mir seid und ich in euch bin.** Konsequenz aus einem solchermaßen gefestigten Glauben ist, dass die Jünger das innige Verhältnis von Vater und Sohn erkennen. Der Sohn wollte schon zu Lebzeiten nichts anderes als Hinweis sein auf seinen Vater (vgl. Joh 12,45; 14,7. 9). **dass ich in meinem Vater bin** (vgl. Joh 10,30; 17,11+22), bedeutet eine Einheit im Wesen: Jesus ist Gott! Dieses Verhältnis ist durch Liebe qualifiziert: Der Vater liebt den Sohn (3,35; 5,20; 10,17; 15,9; 17,23-26), der Sohn liebt den Vater (14,31). Diese Einheit zwischen Vater und Sohn setzt sich fort: **und dass ihr in mir seid und ich in euch bin.** „Sie in ihm und er in ihnen." Das heißt: Er bestimmt mit seinem göttlichen Wesen sie und ihr Tun für ihn. Sie bestimmen wiederum ihn und sein Tun an ihnen.

14,21. **Wer sich an meine Gebote hält und sie befolgt, der liebt mich wirklich. Und wer mich liebt, den wird mein Vater lieben; und auch ich werde ihn lieben und mich ihm zu erkennen geben.** Im Unterschied zu V. 20, wo die Jünger als Gruppe angesprochen sind, rückt hier der Einzelne in den Blick. Wie die Einheit von Vater und Sohn geprägt und qualifiziert war durch **Liebe,** so soll diese göttliche Liebe auch jeden einzelnen Jünger ausmachen. Er spiegelt die Liebe Gottes wider, indem er Jesu Gebote hält – konkret sein Liebesgebot (vgl. Joh 13,34f: „Ich gebe euch ein neues Gebot: Liebt einander! Ihr sollt einander lieben, wie ich euch geliebt habe. An eurer Liebe zueinander werden alle erkennen, dass ihr meine Jünger seid." Und Joh 15,12-14: „Liebt einander, wie ich euch geliebt habe; das ist mein Gebot. Niemand liebt seine Freunde mehr als der, der sein Leben für sie hergibt. Ihr seid meine Freunde, wenn ihr tut, was ich euch gebiete.") Der Heilige Geist möchte in jedem Christen die liebevollen Charakterzüge Gottes verwirklichen. Diese Liebe des Jüngers wird dann belohnt mit der Liebe des Vaters und Jesu. Das zeigt sich darin, dass der Geist Gottes dem Jünger immer noch mehr das göttliche Wesen Jesu offenbart. Er **erkennt** ihn immer tiefer. Folge dieses Erkennens ist noch größere Liebe und Hingabe an Jesus, d.h. noch mehr der Wunsch, seine Gebote zu halten. Die Folge davon wiederum: Der Heilige Geist offenbart Jesus noch mehr. Letztlich ein endloser Kreislauf: Seine Liebe provoziert meine Liebe. Seine Hingabe provoziert meine Hingabe.

Der Heilige Geist vom Alten zum Neuen Testament

2

1. Mose 1,1+2; 1. Mose 2,7; 2. Mose 31,1-5; Richter 6,14-16+34; Joel 3,1+2; Apostelgeschichte 2,1-6+14-18+38+41

EINSTIEG

(15–20 Minuten). Wählen Sie bitte eine oder zwei Fragen aus.

1. Sammeln Sie, welche Erzählungen bzw. Textstellen im Alten Testament Ihnen zum Geist Gottes einfallen!
2. Der Geistempfang hat immer Begleiterscheinungen. Welche kennen Sie?
3. Wieso könnte in Bezug auf den Heiligen Geist ein Unterschied bestehen zwischen Altem und Neuem Testament?

BIBELTEXT

I. Gottes Geist in seiner Schöpfung

1. Mose 1,1+2: [1] Am Anfang schuf Gott Himmel und Erde. [2] Noch war die Erde
leer und ohne Leben, von Wassermassen bedeckt. Finsternis herrschte,
aber über dem Wasser schwebte der Geist Gottes.

1. Mose 2,7: Da nahm Gott Erde, formte daraus den Menschen und blies ihm den Lebensatem in die Nase. So wurde der Mensch lebendig.

II. Gottes Geist in seiner Kraft

2. Mose 31,1-5: [1] Dann sprach der Herr zu Mose: [2] „Ich habe Bezalel, den
Sohn Uris und Enkel Hurs vom Stamm Juda, ausgewählt, den Bau des heiligen Zeltes zu leiten. [3] Mit meinem Geist habe ich ihn erfüllt; ich habe ihm
Weisheit und Verstand gegeben und ihn befähigt, alle für den Bau erforder-
lichen handwerklichen und künstlerischen Arbeiten auszuführen. [4] Er kann
Pläne entwerfen und nach ihnen Gegenstände aus Gold, Silber oder Bronze
anfertigen; [5] er hat die Fähigkeit, Edelsteine zu schleifen und in Gold zu
fassen; er versteht sich auf das Bearbeiten von Holz und auf viele andere
Arten von Kunsthandwerk."

Richter 6,14-16+34: [14] Der Herr sah Gideon an und sagte: „Ich gebe dir einen
Auftrag: Geh und rette Israel aus der Gewalt der Midianiter! Du hast die Kraft

dazu!“ 15 „Aber wie soll ich Israel denn retten?“, rief Gideon. „Meine Sippe
ist die kleinste in Manasse, und ich bin der Jüngste in unserer Familie.“ 16
Der Herr versprach: „Ich helfe dir! Du wirst die Midianiter schlagen, als hät-
test du es nur mit einem einzigen Mann zu tun.“ ... 34 Da wurde Gideon vom
Geist des Herrn ergriffen. Er blies das Horn und rief die Männer der Sippe
Abiëser auf, ihm zu folgen.

III. Gottes Geist in seiner Verheißung und Erfüllung

Joel 3,1+2: 1 „In späterer Zeit will ich, der Herr, alle Menschen mit meinem
Geist erfüllen. Eure Söhne und Töchter werden aus göttlicher Eingebung reden, die alten Männer werden bedeutungsvolle Träume haben und die jun-
gen Männer Visionen; 2 ja, sogar euren Sklaven und Sklavinnen gebe ich in
jenen Tagen meinen Geist.“

Apostelgeschichte 2,1-6+14-18+38+41: 1 Schließlich kam das Pfingstfest.
Auch an diesem Tag waren sie alle wieder am selben Ort versammelt. 2 Plötzlich setzte vom Himmel her ein Rauschen ein wie von einem gewaltigen
Sturm; das ganze Haus, in dem sie sich befanden, war von diesem Brausen
erfüllt. 3 Gleichzeitig sahen sie so etwas wie Flammenzungen, die sich ver-
teilten und sich auf jeden Einzelnen von ihnen niederließen. 4 Alle wurden
mit dem Heiligen Geist erfüllt, und sie begannen, in fremden Sprachen zu
reden; jeder sprach so, wie der Geist es ihm eingab.

5 Wegen des Pfingstfestes hielten sich damals fromme Juden aus aller Welt in
Jerusalem auf. 6 Als nun jenes mächtige Brausen vom Himmel einsetzte, ström-
ten sie in Scharen zusammen. Sie waren zutiefst verwirrt, denn jeder hörte die
Apostel und die, die bei ihnen waren, in seiner eigenen Sprache reden.

[...]

14 Jetzt trat Petrus zusammen mit den elf anderen Aposteln vor die Menge.
Mit lauter Stimme erklärte er: „Ihr Leute von Judäa und ihr alle, die ihr zur
Zeit hier in Jerusalem seid! Ich habe euch etwas zu sagen, was ihr unbedingt
wissen müsst. Hört mir zu! 15 Diese Leute hier sind nicht betrunken, wie ihr
vermutet. Es ist ja erst neun Uhr morgens. 16 Nein, was hier geschieht, ist
nichts anderes als die Erfüllung dessen, was Gott durch den Propheten Joel
angekündigt hat.

17 ‚Am Ende der Zeit‘, so sagt Gott,
‚werde ich meinen Geist über alle Menschen ausgießen.
Dann werden eure Söhne und eure Töchter prophetisch reden;
die Jüngeren unter euch werden Visionen haben
und die Älteren prophetische Träume.
18 Sogar über die Diener und Dienerinnen, die an mich glauben,
werde ich in jener Zeit meinen Geist ausgießen,
und auch sie werden prophetisch reden.‘

[...]
38 „Kehrt um", erwiderte Petrus, „und jeder von euch lasse sich auf den
Namen von Jesus Christus taufen! Dann wird Gott euch eure Sünden vergeben, und ihr werdet seine Gabe, den Heiligen Geist, bekommen.
[...]
41 Viele nahmen die Botschaft an, die Petrus ihnen verkündete, und lie-
ßen sich taufen. Durch Gottes Wirken wuchs die Gemeinde an diesem Tag
um etwa dreitausend Personen.

BIBELGESPRÄCH
(30–40 Minuten)
Wählen Sie ggf. unter den Fragen aus.

Die Autoren der Bibel, zum Aufschreiben der biblischen Bücher vom Heiligen Geist getrieben und angeleitet, denken weniger in systematischen Zusammenhängen. Daher finden sich Aussagen über den Heiligen Geist und sein Wirken in Geschichten verpackt und verstreut in einzelnen Bibelversen. Tragen Sie kurz zusammen, welche Bibelstellen Ihnen zum Heiligen Geist einfallen. Es wäre spannend, wenn Sie bei Ihrem persönlichen Bibellesen darauf achten, wo der Heilige Geist vorkommt.

Um einen Überblick über das Alte Testament zu bekommen, teilen Sie Ihre Gruppe bitte in *drei Kleingruppen* auf, die jeweils einen der drei Themenblöcke bearbeiten. Anschließend kommen Sie wieder in der Gesamtgruppe zusammen. Um den chronologischen Überblick zu erhalten, ist es sinnvoll, sich in dieser zweiten Gesprächsphase an der angegebenen Reihenfolge zu orientieren.

Impulsfragen für I. Gottes Geist in seiner Schöpfung

1. Welchen Ursprung hat Gottes Geist?

2. Wieso wird der Heilige Geist bei der Schöpfung erwähnt?
   Welche Aufgaben hatte er?

3. Ist jeder Mensch allein aufgrund der Tatsache, dass er ein Geschöpf Gottes ist, mit dem Heiligen Geist erfüllt?

   Zum Weiterdenken: „Liebe Freunde, glaubt nicht jedem, der behauptet, seine Botschaft sei ihm von Gottes Geist eingegeben, sondern prüft, ob das, was er sagt, wirklich von Gott kommt. ... An Folgendem könnt ihr erkennen, ob jemand sich zu Recht auf Gottes Geist beruft: Wer sich zu Jesus Christus als zu dem bekennt, der ein Mensch von Fleisch und Blut geworden ist, hat den Geist, der von Gott kommt." (1 Joh 4,1+2)

4. Wo haben Sie es erlebt, dass Gottes Geist Trockenes bewässert und zu neuem Leben erweckt hat? Haben Sie das Gefühl, dass einer Ihrer

Lebensbereiche gerade leer und leblos ist? Wo sehnen Sie sich nach Lebendigkeit?

Impulsfragen für II. Gottes Geist in seiner Kraft

1. Wie stellen Sie sich bildlich vor, wie es zugeht, wenn Gottes Geist über einen Menschen kommt? Ist das wie bei dem Comic-Held Popeye, der eine Dose Spinat isst und dann außergewöhnliche Kräfte hat?

2. Was könnte das Umfeld der genannten Personen gedacht haben? Was hätten Sie an ihrer Stelle gesagt?

3. Wie würden Sie reagieren, wenn Gott einen besonderen Auftrag für Sie hätte? Oder haben Sie das Gefühl, dass Gott etwas Bestimmtes mit Ihnen vorhat? Wenn ja, was?

4. Die Mission ist für Bezalel oder Gideon irgendwann erfüllt. Und dann? Wie wird für die beiden das Danach ausgesehen haben, als Gottes Geist sie wieder verlassen hatte? Wird ihr Alltag oder ihr Glaubensleben anders gewesen sein als vorher?

Impulsfragen für III. Gottes Geist in seiner Verheißung und Erfüllung

1. Wie sähe ein Gemälde der Pfingstgeschichte aus, wenn Sie eines malen sollten?

2. Stellen Sie sich vor, Sie wären damals in Jerusalem dabei gewesen. Was hätten Sie wohl gedacht, gesagt, getan?

3. Wie ist es vorstellbar, dass Menschen von einem Moment auf den anderen ihr ganzes Leben auf eine komplett neue Basis stellen? Was müssten Sie hinter sich lassen? Was würden Sie im Gegenzug gewinnen?

4. Haben Sie so etwas wie Pfingsten erlebt und Gottes Geist empfangen?

5. Wo zeigt es sich bei Ihnen, dass Gottes Geist bleibend in Ihnen ist? Welche Konsequenzen hat es, dass der Geist Gottes in Ihnen wohnt und Sie regiert?

1. Wenn Gottes Geist bleibend in Ihnen wohnt, wie intensiv erleben Sie ihn im Moment? War das auch schon anders? Was müsste geschehen, damit Sie wieder be-geist-erter werden? Wie könnte diese Gruppe Ihnen dabei helfen?

2. Wie prägt Gottes Geist das Miteinander in Ihrer Gruppe? Gibt es etwas, das Sie in dieser Gruppe/in Ihrer Gemeinde ändern wollen?

3. Gibt es Gebetsanliegen, die Sie gerne nennen möchten?

AUSTAUSCH

(15–20 Minuten) Wählen Sie ggf. unter den Fragen aus. Sie können das Gespräch mit einem gemeinsamen Gebet abschließen.

ERLÄUTERUNGEN

Zu I. Gottes Geist in seiner Schöpfung

Bereits auf der ersten Seite der Bibel wird der Heilige Geist (Hebräisch *ruach*) erwähnt. Er **schwebte** über einem leblosen Tohuwabohu, d. h. die Erde war **leer** und ohne Leben. Doch auf ein bloßes Machtwort Gottes hin kommen Licht und Ordnung in das Durcheinander.

Gottes Geist ist von Anfang an da. Er ist nicht Geschöpf, sondern existiert bereits vor Gottes Schöpfungshandeln. Er ist selber Teil Gottes und damit an der Schöpfung beteiligt. Er verwandelt Chaos in Ordnung.

Bei der Erschaffung des Menschen ist die vorrangige Aufgabe des Geistes am deutlichsten zu erkennen: Ein Mensch, der nicht atmet, ist tot. Der Geist Gottes verleiht **Lebensatem**. Gott haucht seinem Menschen den Lebensgeist ein (vgl. 1 Mo 2,7). Durch den Geist Gottes wird tote Materie **lebendig**, der aus Erde geformte Mensch wird physisch vital. Aber damit nicht genug: Mit der körperlichen Lebendigkeit wird zugleich eine Bezogenheit auf den Schöpfergott lebendig. Körperliches Leben und geistliches Leben beginnen. Der Mensch kennt seinen Schöpfer, ist ausgerichtet auf ihn. Diese unmittelbare Gemeinschaft mit ihm ist der Nährboden für die ganzheitliche Gesundheit des Menschen. Der Heilige Geist besitzt als göttliche Person lebensspendende, schöpferische Kraft Gottes, d. h. er ist Gottes Dynamik – zumindest so lange, bis das Geschöpf sich seinem Schöpfer willentlich entzieht und Wege ohne ihn geht (vgl. 1 Mo 3).

Nimmt das Böse das Herz des Menschen in Besitz, stirbt der Mensch geistlich. Die räumliche Trennung durch die Ausweisung aus dem Paradies signalisiert auch seine geistliche Trennung von Gott. Nun bezieht der Mensch sich nicht mehr auf seinen Schöpfer; die Beziehung zu ihm ist tot. Vgl. Eph 2,1: „Auch euch hat Gott zusammen mit Christus lebendig gemacht. Ihr wart nämlich tot – tot aufgrund der Verfehlungen und Sünden."

Nun steht die Sünde zwischen Gott und Mensch. In seiner körperlichen Kreatürlichkeit lebt er zwar weiterhin, doch die Beziehung zu seinem Schöpfer ist ausgetrocknet. Dieser geistliche Tod bestimmt jeden Menschen bis heute von Geburt an und wird erst dadurch überwunden, dass Gottes Schöpfergeist erneut aktiv wird und neues Leben schafft. Er kann den Menschen vor Gott wieder **lebendig** machen. Diese neue lebendige Beziehung zu Gott ist geprägt von Gottes Dynamik, die alle Lebensbereiche durchdringt.

In das Herz jedes Menschen hat Gott eine Sehnsucht nach Ewigkeit gelegt (vgl. Pred 3,11). Auch geistlich tote Menschen ahnen meist, dass es Gott gibt. Dies zeigt sich in den vielen Religionen dieser Welt, in denen Menschen versuchen, von sich aus Gott nahezukommen.

Zu II. Gottes Geist in seiner Kraft

Sowohl Bezalel als auch Gideon haben von Haus aus nicht die Fähigkeiten, die sie zur Erfüllung ihres von Gott gegebenen Auftrags brauchen.

Bezalel wird von Gott als Handwerker und Künstler begabt. Gottes Geist verleiht ihm zusätzlich zu seiner Berufskenntnis Weisheit und Inspiration, mit den unterschiedlichen Werkstoffen entsprechend umgehen zu können. Denn Gottes Heiligkeit soll sich in seinem heiligen Zelt widerspiegeln.

Auch **Gideon** erhält von Gott nicht nur einen Auftrag, sondern auch die nötige körperliche Konstitution für seine Krafttaten. Als Anführer soll er Gottes bedrängtes Volk von den feindlichen Midianitern befreien. Dabei ist er sich seiner eigenen Schwäche nur zu bewusst. Doch von Gottes Geist ergriffen, gelingen ihm Dinge, die er nicht für möglich gehalten hatte.

Daneben gibt es im Alten Testament zahlreiche weitere Personen, die Gottes Geist inspiriert hat und die dann im richtigen Moment Fähigkeiten besitzen, die sie sonst nicht haben – vgl. z.B. Josef und Daniel, die Träume deuten können (1 Mo 41,8; Dan 4,5; 5,11). Immer wieder wird deutlich, dass der Heilige Geist bestimmte Menschen erwählt, sie für eine bestimmte, zeitlich begrenzte Aufgabe erfüllt und begabt. Er ermächtigt sich ihrer punktuell.

Man kann dies mit einem Auto vergleichen, das in der Garage steht und wartet, dass jemand es fährt. Ähnlich „startet" der Heilige Geist einen Menschen und nimmt ihn in Gebrauch. Er kommt in Bewegung und tut, wofür Gott ihn bestimmt hat. Und nach getaner Arbeit stellt der Geist ihn wieder ab – zumindest im Alten Testament. Dies wird sich ab der Zeit des Neuen Testaments ändern.

Exkurs: Bibelkenner wissen, dass König Saul mit Gottes Geist begabt war, dieser ihm aber wieder genommen wurde und er auf David überging. In 1 Sam 16,13f lesen wir: „Da nahm Samuel das Horn mit dem Öl und goss es vor den Augen seiner Brüder über Davids Kopf aus. Sogleich kam der Geist des Herrn über David und verließ ihn von da an nicht mehr... Der Geist des Herrn hatte Saul verlassen. Stattdessen schickte Gott einen bösen Geist, der den König immer wieder überfiel und ihm Furcht und Schrecken einjagte." Dies ist ein Strafhandeln Gottes, weil Saul Gott nicht gehorsam war. Der Geist Gottes wird ihm vorzeitig genommen, noch bevor er seine Aufgabe erledigt hat. Dass der Geist des Herrn von da an David nicht mehr verließ, unterstreicht dessen herausragende Erwählung zum größten König Israels. Der Heilige Geist bleibt auf ihm bis zu seinem Lebensende. Vgl. dazu Elia und Elisa in 2 Kön 2,9+15, wie Elia entrückt wird und der Geist Gottes vom einen auf den anderen übergeht.

Zu III. Gottes Geist in seiner Verheißung und Erfüllung

Was der Herr seinem Propheten Joel für eine spätere Zeit ankündigt, erfüllt sich an diesem einen Pfingstfest in Jerusalem. Pfingsten war in Israel das jährliche Fest am Ende der Getreideernte, zu dem viele Festpilger von weit her nach Jerusalem kamen. **Diese Menschen** sollten mit Gottes Geist (Griechisch *Pneuma*) bleibend erfüllt werden. Die Ausgießung des Heiligen Geistes beginnt spektakulär bei den zwölf Aposteln: Der Heilige Geist kommt hör- und sichtbar über sie und weitet sich an diesem einen Pfingsttag auf etwa 3000 weitere Menschen aus. Damit beginnt der Siegeszug Jesu in Jerusalem, wo sich die christliche Urgemeinde bildet, und setzt sich rund um die Welt fort bis heute. Dieses Pfingstfest ist der Anfang der Kirche und der Mission. Der Geist wird dabei auch auf **Sklaven** und **Frauen** ausgegossen, und auch **Junge** und **Alte** werden ergriffen. Vor sozialen, sexuellen, kulturellen oder demografischen Unterschieden macht Gottes Geist also keinen halt (vgl. Gal 3,28). Jeder wird vom Heiligen Geist erfüllt, der an Jesus Christus glaubt und sich als sichtbares Zeichen dafür taufen lässt.

Was im Inneren eines Gläubigen passiert, kann nicht nur innen bleiben, sondern drängt nach außen. Das Neue, das ihn nun belebt, zeigt sich in äußeren Erscheinungen wie **gottgewirktes Reden, bedeutungsvolle Träume, Visionen** – Phänomene, die von außen betrachtet durchaus verwechselbar sind mit Trunkenheit. Wenn Gott durch seinen Geist Neues in einem Menschen schafft, strömt er über. Jesus sagt in Johannes 7,37-39: „Wer Durst hat, soll zu mir kommen und trinken! Wenn jemand an mich glaubt, werden aus seinem Inneren, wie es in der Schrift heißt, Ströme von lebendigem Wasser fließen." Er sagte das im Hinblick auf den Heiligen Geist, den die empfangen sollten, die an ihn glaubten."

Ganz nach der biblischen Redewendung: „Wes das Herz voll ist, des geht der Mund über" (Mt 12,34; L), können die Apostel nun gar nicht anders als Gott zu loben. Das tun sie in **fremden Sprachen**, zu denen der Heilige Geist sie befähigt. Ohne sie gelernt zu haben, sprechen die Jünger plötzlich die Sprachen ausländischer Festbesucher, die fassungslos zuhören und verstehen.

Der Geist Gottes sorgt an diesem Pfingstfest für Verständigung. Die babylonische Sprachverwirrung (vgl. 1 Mo 11,1-9) ist für einen Moment aufgehoben. Das geschieht, um anzuzeigen, dass nun eine neue heilsgeschichtliche Epoche anbricht: Gott will nicht mehr nur in einer Sprache zu einem Volk reden, sondern alle Völker in ihren eigenen Sprachen erreichen.

Von diesem Pfingstfest an **bleibt** der Heilige Geist fest in dem Menschen, der Gott dient (vgl. Joh 14,17). Er wird ein kontinuierlicher Bestandteil seines Lebens. Doch nicht so, dass er dem Menschen verfügbar wäre, sondern in der Form, dass der Geist Wohnung in ihm nimmt und ihn von innen heraus regiert. Wie geschieht das? Es erfüllt sich, was Gott dem Propheten Hesekiel gesagt hat (Hes 36,26+27): „Ich will euch ein anderes Herz und einen neuen Geist geben. Ich nehme das versteinerte Herz aus eurer Brust und gebe euch ein lebendiges Herz. Mit meinem Geist erfülle ich euch, damit ihr nach meinen Weisungen lebt, meine Gebote achtet und sie befolgt."

War der Heilige Geist im Alten Testament bislang eine punktuelle und von außen kommende Erfahrung Einzelner, so ist er nun im Neuen Testament eine kontinuierliche und inwendige Realität vieler. Mithilfe des Geistes ist auch das Halten des Gesetzes nun keine äußere Last mehr, sondern inneres Bedürfnis. Das neue, lebendige Herz schlägt für Jesus, sodass jeder Glaubende alles daransetzen will und wird, ihm mit allem, was er ist und hat, zu gefallen.

3 Was tut der Heilige Geist für mich persönlich?

Johannes 14,17; Johannes 16,14; Apostelgeschichte 16,6-10; Römer 8,16+17; 2. Korinther 3,18; Galater 5,22+23

EINSTIEG

(15–20 Minuten). Wählen Sie bitte eine oder zwei Fragen aus.

1. Überlegen Sie (zuerst jeder für sich), wo und wie Sie das Wirken des Heiligen Geistes in Ihrem Leben schon erfahren haben!

2. Tauschen Sie sich anschließend über Ihre Erfahrungen aus. Teilen Sie nur das mit, was Sie wirklich sagen möchten – der Heilige Geist wirkt sehr persönlich.

BIBELGESPRÄCH

(30–40 Minuten) Wählen Sie ggf. unter den Fragen aus.

1. Bitte schauen Sie sich die folgenden Bilder an und überlegen Sie, was sie Ihnen über das Wirken des Heiligen Geistes verraten! (Sollte die Zeit zu knapp sein, alle Bilder zu diskutieren, empfiehlt es sich, die Bilder 1–3 gemeinsam anzuschauen, da sie miteinander zusammenhängen, und die Bilder 4–6 bei Ihrem nächsten Treffen.)

2. Lesen Sie nun die hier angegebenen Bibelverse und überlegen Sie, welcher Vers zu welchem Bild passen könnte!

BIBELTEXT

Galater 5,22+23: Die Frucht hingegen, die der Geist Gottes hervorbringt, besteht in Liebe, Freude, Frieden, Geduld, Freundlichkeit, Güte, Treue, Rücksichtnahme und Selbstbeherrschung.

Johannes 14,17 (L): „Der Heilige Geist bleibt bei euch und wird in euch sein."

2. Korinther 3,18 (GN): Wir werden in das Spiegelbild verwandelt und bekommen mehr und mehr Anteil an der göttlichen Herrlichkeit. Das bewirkt der Herr durch seinen Geist.

Römer 8,16+17: Ja, der Geist selbst bezeugt es uns in unserem Innersten, dass wir Gottes Kinder sind. Wenn wir aber Kinder sind, sind wir auch Erben – Erben Gottes und Miterben mit Christus.

Apostelgeschichte 16,6-10: 6 Paulus und seine Begleiter zogen nun durch
den Teil Phrygiens, der zur Provinz Galatien gehört. Eigentlich hatten sie
vorgehabt, die Botschaft Gottes in der Provinz Asien zu verkünden, aber der
Heilige Geist hatte sie daran gehindert. 7 Als sie sich dann Mysien näherten,
versuchten sie, nach Bithynien weiterzureisen, aber auch das ließ der Geist
Jesu nicht zu. 8 Da zogen sie, ohne sich aufzuhalten, durch Mysien, bis sie
in die Hafenstadt Troas kamen.
9 Dort hatte Paulus in der Nacht eine Vision. Er sah einen Mazedonier vor
sich stehen, der ihn bat: „Komm nach Mazedonien herüber und hilf uns!"
10 Daraufhin suchten wir unverzüglich nach einer Gelegenheit zur Überfahrt
nach Mazedonien; denn wir waren überzeugt, dass Gott selbst uns durch
diese Vision dazu aufgerufen hatte, den Menschen dort das Evangelium zu
bringen.

Johannes 16,14 (L): „Der Heilige Geist wird mich verherrlichen."

3. Überlegen Sie: Was überrascht Sie am Wirken des Geistes? Was freut Sie? Was irritiert Sie? Was davon wünschen Sie sich für sich?

Weil das Wirken des Heiligen Geistes in der Bibel mehr in Erzählungen und Einzelbezügen dargestellt ist und nicht in systematischen Abhandlungen, wollen wir hier über Bilder und einzelne Bibelverse einen Zugang zum Wirken des Heiligen Geistes finden. Nutzen Sie die nachstehenden Erläuterungen zu den Bildern und Bibelversen als Anregung für Ihr weiteres Gespräch darüber, was der Heilige Geist bei Ihnen persönlich tun will.

Zu Bild „Hand, die aufs Kreuz zeigt" – Joh 16,14 (L). „Der Heilige Geist wird mich verherrlichen."

Der Heilige Geist ist ein Hinweisschild auf Jesus. Es ist das Hauptanliegen des Heiligen Geistes: Jesus groß machen! Ihn verherrlichen! Der Heilige Geist will keine Aufmerksamkeit für sich, sondern fokussiert unseren Blick auf Jesus, der im Mittelpunkt steht. Ebenso sagt Jesus in Joh 15,26: „Wenn der Helfer kommen wird, wird er mein Zeuge sein – der Geist der Wahrheit, der vom Vater kommt ..."

Vielleicht wird dadurch verständlich, warum der Heilige Geist die am wenigsten bekannte Person der Dreieinigkeit ist, und auch, warum die Bibel – im Vergleich zu Gott Vater und Gott Sohn – so wenig über den Heiligen Geist sagt. Es ist Gottes Absicht! Der Heilige Geist weist immer weg von sich – auf den Vater und vor allem auf den Sohn:

- Joh 16,13: „Denn was er sagen wird, wird er nicht aus sich selbst heraus sagen; er wird das sagen, was er hört."
- Joh 16,14: „Er wird meine Herrlichkeit offenbaren; denn was er euch verkünden wird, empfängt er von mir."
- Joh 14,26: „Der Helfer, der Heilige Geist, den der Vater in meinem Namen senden wird, wird euch alles Weitere lehren und euch an alles erinnern, was ich euch gesagt habe."

Wer mit dem Heiligen Geist zu tun hat, wird immer auch mit Jesus zu tun haben. Er als Tröster tröstet mit Jesus. Er als Helfer hilft mit Jesus. Er als Beistand steht mit Jesus bei. Usw.

Damit hängt noch etwas zusammen: Im ganzen Neuen Testament findet sich keine Stelle, wo der Heilige Geist angebetet wird. Er weist immer von sich weg auf Jesus, der angebetet werden soll. Ihn kennt er, die Tiefen der Gottheit versteht er, die Geheimnisse Gottes offenbart er.

Zu Bild „Herz mit Tür" – Joh 14,17 (L). „Der Heilige Geist bleibt bei euch und wird in euch sein."

Der Heilige Geist ist der Bewohner meines Herzens. Doch wie kommt er bzw. Jesus in mein Herz hinein? Also: Wie wird man Christ? Mache ich das? Öffne ich Jesus die Tür? Oder verschafft er sich selber Zugang?

Vielleicht haben Sie schon mal folgende Worte Martin Luthers gehört – seine Auslegung zum 3. Abschnitt des Glaubensbekenntnisses: „Ich glaube, dass ich nicht aus eigener Vernunft noch Kraft an Jesus Christus, meinen Herrn, glauben oder zu ihm kommen kann; sondern der Heilige Geist hat mich durch das Evangelium berufen, mit seinen Gaben erleuchtet, im rechten Glauben geheiligt und erhalten; gleichwie er die ganze Christenheit auf Erden beruft, sammelt, erleuchtet, heiligt und bei Jesus Christus erhält im rechten, einigen Glauben ..." Gottes Geist selbst öffnet also meine Herzenstür. Er verändert das Herz eines Menschen so, dass er an Jesus glauben kann. Und das ist das Beste, was ihm jemals passieren kann! Diese Erkenntnis Luthers wird durch viele Aussagen der Bibel unterstrichen:

- Joh 15,16: „Nicht ihr habt mich erwählt, sondern ich habe euch erwählt: Ich habe euch dazu bestimmt, zu gehen und Frucht zu tragen – Frucht, die Bestand hat."

- 1 Kor 15,10 (L): Durch Gottes Gnade bin ich, was ich bin.

- Eph 2,8: Noch einmal: Durch Gottes Gnade seid ihr gerettet, und zwar aufgrund des Glaubens. Ihr verdankt eure Rettung also nicht euch selbst; nein, sie ist Gottes Geschenk.

- 1 Kor 12,3: Und umgekehrt kann niemand sagen: „Jesus ist der Herr!", es sei denn, er wird vom Heiligen Geist geleitet.

Glaube ist damit nicht meine Idee und Sache meines Entschlusses, sondern ein Geschenk, ein gnädiges Hinwenden Gottes zu mir. Wenn ein Mensch zum Glauben an Jesus kommt, ist Gott ganz aktiv, der Mensch ganz passiv. Gott erwählt zum Glauben, der Mensch empfängt aus lauter Gnade.

Das Wichtigste ist jedoch: Gott liebt voraussetzungslos. Er liebt den Menschen trotz seiner Sünde und verändert ihn durch seinen Heiligen Geist. Paulus beschreibt das in Eph 2,4+5: „Doch Gottes Erbarmen ist unbegreiflich groß! Wir waren aufgrund unserer Verfehlungen tot, aber er hat uns so sehr geliebt, dass er uns zusammen mit Christus lebendig gemacht hat. Ja, es ist nichts als Gnade, dass ihr gerettet seid!"

Dass Glaube entsteht, ist die vorrangigste Aufgabe des Heiligen Geistes. Gott selbst verändert das Herz des Menschen durch seinen Geist. Er kommt zu ihm, nimmt Raum in ihm und erfüllt sein Herz mit Glauben – und Freude!

Gott muss also zuerst aktiv werden und auferwecken, damit der Mensch wieder lebendig wird und auf Gott bezogen. Erst wenn dies geschehen ist, ist ein Christ geboren. Dann kann er Gott antworten, indem er ihm sein Leben anvertraut, ihm nachfolgt und aus Dankbarkeit gemeinsam mit ihm sein Leben gestaltet zu Gottes Ehre.

Zu Bild „Daumen hoch in den Wolken" – Röm 8,16+17. „Ja, der Geist selbst bezeugt es uns in unserem Innersten, dass wir Gottes Kinder sind. Wenn wir aber Kinder sind, sind wir auch Erben – Erben Gottes und Miterben mit Christus."

Der Heilige Geist ist der Vergewisserer. Er macht mich gewiss, dass ich Gottes geliebtes Kind bin – vom Vater als Tochter bzw. Sohn adoptiert! Aus dem zu Bild „Herz mit Tür" Gesagten folgt: Der Heilige Geist schenkt Gewissheit über folgende Dinge:

- Ich gehöre zu Gott, denn ich bin sein geliebtes Kind!

- Ich bin gerettet, weil Jesus für mich starb und wieder auferstand!

- Alles, was zwischen Gott und mir stand, ist durch Jesus vergeben und vergessen!

- Wie Jesus werde auch ich ganz bestimmt auferstehen, wenn Jesus wiederkommt!

- Meine Zukunft verbringe ich garantiert in Gottes ewigem Reich!

Wie kann ich mir da aber so sicher sein? Antwort: Nur deshalb, weil Gott mich in Liebe erwählt hat (vgl. Eph 1,4f)! Wer glauben kann, dass Gott es ist, der den Glauben schenkt und zueignet, dass es nicht eine menschliche Idee ist zu glauben, bei dem steht und fällt alles mit Gott, dem wahren Urheber des Glaubens. Dann ist es Gottes Geist, der Gottes eigene Treue garantiert.

Die Frage ist: Können wir selbstbewusst mit Paulus sagen (Röm 8,38f): „Ja, ich bin überzeugt, dass weder Tod noch Leben, weder Engel noch unsichtbare Mächte ... uns je von der Liebe Gottes trennen kann, die uns geschenkt ist in Jesus Christus, unserem Herrn"? Diese Glaubensgewissheit ist möglich – und von Gott erwünscht! Und wir können sie haben, wenn wir frohen Herzens von uns wegschauen hin zu Gott. Nur so habe ich festen Halt, weil der Anker meines Lebens sich außerhalb meiner selbst befindet. D. h., dass ich Gottes geliebtes Kind bin, wird für mich garantierte Tatsache – unabhängig von meiner momentanen Gefühlslage oder Stimmung. Egal, was ich von mir denke oder was andere über mich sagen – Gottes Geist will mich fest und gewiss machen. Ein Geländer, an dem ich mich festhalte, kann mir nur deshalb Halt geben, weil es unabhängig von mir sicher steht. Ein Christ existiert exzentrisch – sein Zentrum liegt außerhalb. Seine Identität ist außerhalb seiner selbst in Christus. Es ist die göttliche Instanz namens Heiliger Geist, die Heilsgewissheit verleiht (vgl. Röm 8,1).

Die Autorität des Vaters gilt. Wenn er also sagt: „Mein geliebtes Kind!", sagt er damit automatisch: „Mein Erbe!" Das hat größere Autorität als all meine Einwände (vgl. 1 Joh 3,18f). Meine Adoption ist rechtsgültig und wird von ihm niemals mehr rückgängig gemacht. Der Heilige Geist ist das Siegel auf meinem Garantieschein für den Himmel (vgl. Eph 1,13).

Die Folge ist: Ich darf „Papa" sagen: „Weil ihr seine Kinder geworden seid, hat Gott euch den Geist seines Sohnes ins Herz gegeben, sodass ihr zu Gott nun ‚lieber Vater' sagen könnt'" (Gal 4,6; NL). Wie Jesus zu seinem Vater „Papa" sagte (z.B. Mk 14,36), so auch ich. Diese Anrede signalisiert innige Nähe und intimes Vertrauen. Auf des Vaters Schoß ist jederzeit Platz für sein geliebtes Kind!

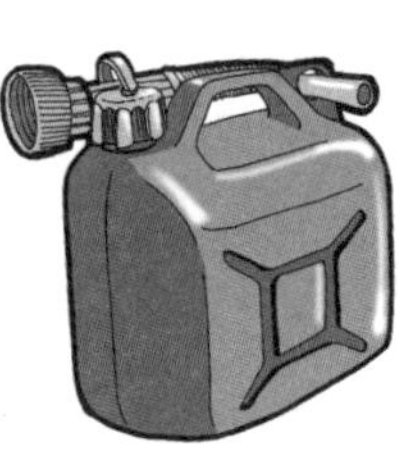

Zu Bild „Benzinkanister" – 2 Kor 3,18 (GN). „Wir werden in das Spiegelbild verwandelt und bekommen mehr und mehr Anteil an der göttlichen Herrlichkeit. Das bewirkt der Herr durch seinen Geist."

Der Heilige Geist ist ein Verwandlungskünstler. Wenn Gottes Geist wie ein Hinweisschild beständig auf Jesus hinweist, dann verändert das. Zeigt er mir, wer Jesus ist – Gott selber – und was er für mich getan hat – unschuldig für mich am Kreuz gestorben, um Beziehung zwischen Gott und mir zu ermöglichen –, dann wird sich mein Leben verändern! Weil ich be-geist-ert bin von diesem Gott, der so viel für mich getan hat, will ich ihm aus Dankbarkeit immer ähnlicher werden. Ich soll – und will! – als Kind Gottes meinem Herrn alle Ehre machen.

Deshalb wird der Heilige Geist seinen Finger auf Punkte in meinem Leben legen, die nicht zu Jesus passen und die Beziehung zu ihm stören. Nicht um zu schikanieren, sondern um mich dem Bild Gottes entsprechend zu verändern. Das Vorbild Jesu soll mich positiv prägen.

Es gibt viele Geschichten, in denen Menschen erzählen, wie sie von Gott verwandelt und Dinge möglich wurden, die sie vorher für unmöglich hielten. Auch wie sie falsche Verhaltensweisen sein lassen konnten, wie sie befreit wurden aus Zwängen, Süchten und von Mächten.

Man kann das Wirken des Geistes vergleichen mit einem Diamantenschleifer. Wenn ein Diamantenrohling tief unten in der Erde gefunden wird, glänzt er kaum. Bis er an einem Collier funkelt, ist es ein weiter Weg. Er muss immer wieder gesäubert, geschliffen und poliert werden. So ist es auch bei uns Christen. Wenn der Heilige Geist in ein Herz einzieht, geht er sozusagen durch die einzelnen Räume unseres Lebenshauses und schaut sich dort um. Und dann heißt es: Aufräumen! Dinge, die Gott nicht entsprechen, will er verändern und ausräumen. Das kann sehr mühsam sein und manchmal auch Jahre dauern, bis Veränderung sichtbar wird und Heilung eintritt. Doch hierbei bin auch ich gefordert. Gottes Geist und ich sind gemeinsam am Werk. Wir sind ein Team! Ich muss den „Karren nicht alleine aus dem Dreck ziehen", sondern habe einen, der mitzieht und der mich vor allem immer wieder mit neuer Durchhaltekraft und Motivation beflügelt. Der Heilige Geist ist der Treibstoff zur Veränderung. Darum ist er ein Verwandlungskünstler. Er bekommt Dinge hin, bei denen ich allein schon lange die Hoffnung aufgegeben hatte.

So dürfen wir staunend manche unserer Lebensräume aufgeräumt sehen, in anderen haben wir noch zu tun. Eines aber ist nicht verheißen: zu Lebzeiten mit dem Aufräumen fertig zu werden. Wir alle werden bis zu unserer letzten Stunde mit Sünde und Rebellion gegen Gott zu kämpfen haben. Natürlich sind wir deshalb immer noch

Christen. Doch solange wir noch in dieser Welt leben, sind wir noch nicht in Gottes Herrlichkeit angekommen, sondern auf dem Weg dorthin. Erst wenn Jesus wiederkommt, werden wir ganz verwandelt. Doch bis es so weit ist, gilt, dass ich Sünder und Zurechtgebrachter zugleich bin. Damit ist auch gesagt, dass Heilsgewissheit trotz Sünde möglich ist. Dies soll jedoch kein Ruhekissen sein, sondern der Heilige Geist will uns schon hier und jetzt immer mehr verwandeln und Jesus ähnlicher machen. Er ist der Treibstoff dazu.

Zu Bild „Dünger" – Gal 5,22+23. „Die Frucht hingegen, die der Geist Gottes hervorbringt, besteht in Liebe, Freude, Frieden, Geduld, Freundlichkeit, Güte, Treue, Rücksichtnahme und Selbstbeherrschung."

Der Heilige Geist ist wie Dünger in meinem Leben. Jeder Landwirt weiß: Frucht wächst, wenn genügend Nährstoffe vorhanden sind. Auch Glaubensfrüchte können nur dann wachsen, wenn der Heilige Geist das Seine dazugibt. Er räumt daher nicht nur Schlechtes in meinem Leben aus (s. o.), sondern lässt auch viel Gutes gedeihen. Er wirkt sozusagen wie Dünger, der mich zu dem werden lässt, den Gott sich erdacht hat: ein Mensch, der Gott und seine Mitmenschen liebt wie sich selbst (vgl. Mt 22,37-40).

Wer solche Früchte des Glaubens bei sich erkennen darf, dem verleiht dies Flügel und der ist noch mehr angespornt, den Heiligen Geist in sich wirken zu sehen. Ich will mehr und mehr wachsen und Jesus ähnlicher werden, damit sich mein Vater an mir freuen kann! Z. B. Frieden stiften, wo Feindschaft herrscht. Freude und Hoffnung verbreiten, wo Traurigkeit bestimmend ist. Ermutigen, wo Menschen verzagt sind. Diese und noch viele andere Charakterzüge will der Heilige Geist bei mir immer mehr zum Vorschein kommen lassen.

Wenn Jesus z.B. Feindesliebe vorgelebt hat und uns auffordert, es ihm gleichzutun (vgl. Mt 5,43-45), dann kann dies nur gelingen, wenn er selbst uns mit seiner Liebe anfüllt, sodass wir vor Liebe überfließen. Aus uns heraus ist dies nicht zu schaffen.

Vielleicht kennen Sie einen römischen Brunnen: Oben fließt Wasser in eine erste Schale. Diese füllt sich so lange, bis sie überfließt und das Wasser sich in die nächstuntere Schale ergießt.

Dieses Bild beschreibt uns Christen und das Wirken des Heiligen Geistes: Wir müssen nichts aus uns selber heraus produzieren, sondern wir werden wie die Schale am Brunnen gefüllt, damit wir davon weitergeben. Das heißt: Ich werde zuerst beschenkt und mit Liebe angefüllt, sodass ich überfließe und die empfangene Liebe weitergeben kann.

Jesus sagt einmal: „Ich bin der Weinstock, ihr seid die Reben. Wer in mir bleibt und ich in ihm, der bringt viel Frucht. Denn ohne mich könnt ihr nichts tun" (Joh 15,5; L). Dass ich Frucht bringe, ist Geschenk des Heiligen Geistes. Christsein heißt: Empfangen und Weitergeben.

Ein schöner Nebeneffekt: Freundliche, geduldige, selbstbeherrschte... Christen, die etwas von Gottes Liebe ausstrahlen und weitergeben, sind Gottes Aushängeschilder. Und andere sehnen sich (hoffentlich) durch das, was sie bei Christen erleben, nach diesem Dünger, der das auch bei ihnen möglich macht. Durch uns Christen erkennen andere, dass auch sie Jesus dringend brauchen.

Zu Bild „Lotse" – Apg 16,6-10. „Paulus und seine Begleiter zogen nun durch den Teil Phrygiens, der zur Provinz Galatien gehört. Eigentlich hatten sie vorgehabt, die Botschaft Gottes in der Provinz Asien zu verkünden, aber der Heilige Geist hatte sie daran gehindert. Als sie sich dann Mysien näherten, versuchten sie, nach Bithynien weiterzureisen, aber auch das ließ der Geist Jesu nicht zu. Da zogen sie, ohne sich aufzuhalten, durch Mysien, bis sie in die Hafenstadt Troas kamen. Dort hatte Paulus in der Nacht eine Vision.

Er sah einen Mazedonier vor sich stehen, der ihn bat: „Komm nach Mazedonien herüber und hilf uns!" Daraufhin suchten wir unverzüglich nach einer Gelegenheit zur Überfahrt nach Mazedonien; denn wir waren überzeugt, dass Gott selbst uns durch diese Vision dazu aufgerufen hatte, den Menschen dort das Evangelium zu bringen."

Der Heilige Geist ist ein Lotse. Einem Piloten kann es passieren, dass er durch Nebel und Unwetter die Orientierung verliert. Wer ist seine Rettung? Der Fluglotse, der im Tower sitzt und per Funk mit dem Piloten verbunden ist. Er kann ihn sicher führen und leiten.

Auf solch eine Weise geführt wissen sich auch viele von Gottes Geist. Manche Christen gehen bewusst betend durch die Straßen ihrer Stadt – mit einem Ohr bei den Menschen, mit einem Ohr bei Gott – und lassen sich von Gottes Geist lotsen, wen sie ansprechen, wen sie besuchen, wem sie etwas Gutes anbieten sollen.

Ebenso will uns Gottes Geist bei wichtigen Entscheidungen lotsen wie z. B. in der Berufswahl, auf welche Schule wir unsere Kinder schicken, Hausbau ja oder nein u. v. m. Aber nicht nur in den großen Fragen des Lebens, auch bei den kleinen alltäglichen Dingen kann ich mich auf ihn verlassen, mit ihm rechnen, ihn miteinbeziehen in mein Leben. Ich will hören – und dann auch gehorchen. Denn so tut er heute noch Wunder.

Aber **wie lotst er mich**? Auf zweierlei Arten: durch sein äußeres und sein inneres Reden.

Bei seinem **äußeren Reden** tritt er von außen an mich heran. Zum Ersten durch sein Wort, die Bibel. Dort hat er für mich aufschreiben lassen, was sein Wille für mich ist. Ich kann nachlesen, was er von mir möchte, z. B. :

- dass ich die 10 Gebote halte (vgl. 2 Mo 20,1-17)
- dass ich Liebe übe gegenüber jedermann (vgl. das Gleichnis vom barmherzigen Samariter, Lk 10,25-37)
- dass ich anderen immer wieder vergebe (vgl. das Gleichnis vom Schalksknecht, Mt 18,21-35)

Die Bibel ist ein Geschenk Gottes, unter Anleitung des Heiligen Geistes geschrieben, d. h. inspiriert (vgl. 2 Tim 3,16f). Darin hat er konkrete Wegweisung für mich hinterlassen. Viele berichten, wie sie von einem ganz bestimmten Bibelvers angesprochen wurden, der genau in ihre Situation hineingesprochen hat. Hier ist der Heilige Geist am Werk!

Zum Zweiten redet Gottes Geist durch andere Menschen. Er benutzt sie als sein Sprachrohr, z. B. in Predigten oder in Gesprächen. Christen sind in eine Gemeinde hineingestellt, damit Gottes Geist anderen eingeben kann, was der Wille des Vaters ist (vgl. 2 Petr 1,21).

Im Unterschied dazu gibt es sein **inneres Reden**, d. h. wenn er ohne „Hilfsmittel" direkt zu mir spricht. Wenn mich z. B. ein Gedanke oder Impuls nicht loslässt, dass ich dies oder jenes jetzt tun soll, kann das von Gott kommen.

Bei Josef redet der Heilige Geist durch Träume (z. B. 1 Mo 37,1-11), bei den Propheten durch Visionen und Auditionen (z. B. Jer 1,11-14), bei Paulus durch die Vision (Apg 16,6-10), aufgrund derer das Evangelium nach Europa kommt.

Doch Vorsicht: Damit wurde in der Geschichte schon viel Unheil angerichtet. Als Maßstab zur Unterscheidung von eigenem Wunschdenken und Gottes Reden muss beachtet werden, dass das innere Reden des Heiligen Geistes nie seinem äußeren Reden in der Bibel widerspricht. Der Heilige Geist und die Bibel können sich nicht widersprechen; sie liegen ganz auf einer Linie.

Der Heilige Geist hat also verschiedene Möglichkeiten, zu uns zu reden. Beides, sein äußeres und sein inneres Reden, sind wichtig für uns, um seinen Willen zu erkennen. Der Heilige Geist als göttlicher Navigator lotst uns.

Sie haben erfahren, wie der Heilige Geist in Ihrem persönlichen Leben wirken möchte und Ihr Leben reich machen kann.

1. In welchem dieser Bereiche sind Sie „fortgeschritten“ und haben Grund, Gott zu danken?

2. Welches ist der Bereich, in dem Sie sehen, dass Sie am dringendsten sein Wirken brauchen? Bitten Sie ihn möglichst konkret und detailliert, wenn Sie einen Mangel verspüren.

3. Was nehmen Sie sich für die nächste Woche konkret vor, um in einem dieser Bereiche vertiefte Erfahrungen mit dem Heiligen Geist zu machen? Der Heilige Geist wirkt bevorzugt mit Ihnen zusammen, nur selten ohne Sie. Sie wissen: Er und Sie sind ein Team!

4. Achten Sie in den kommenden Tagen besonders darauf, wie der Heilige Geist Sie begleitet, aufbaut, führt, Ihnen hilft usw. Berichten Sie beim nächsten Treffen von Ihren Erfahrungen!

AUSTAUSCH

(15–30 Minuten) Wählen Sie ggf. unter den Fragen aus. Sie können das Gespräch mit einem gemeinsamen Gebet abschließen. Fragen, die nicht in der Gruppe thematisiert werden, können Ihnen auch als Anstoß dienen, zu Hause den Text vertiefend zu betrachten.

4 Was tut der Heilige Geist in und durch die Gemeinde?

Johannes 20,21-23; 1. Korinther 12,7+11; 1. Korinther 12,13; Philipper 2,1-5

EINSTIEG

(15–20 Minuten). Wählen Sie bitte eine oder zwei Fragen aus.

1. Überlegen Sie zuerst jeder für sich, wo und wie Sie eine Wirkung des Heiligen Geistes in Ihrer Gemeinde erfahren haben!

2. Tauschen Sie sich anschließend über diese Erfahrungen aus!

3. Welches sind Stärken Ihrer Gemeinde? Erkennen Sie auch Schwächen?

4. Welche Menschen kennen Sie, die Ihrer Meinung nach geistgewirkt handeln? Könnten sie ein Vorbild für Sie sein?

5. Wie erleben Sie das Miteinander in Ihrer Gemeinde?

BIBELGESPRÄCH

(30–40 Minuten) Wählen Sie ggf. unter den Fragen aus.

1. Bitte schauen Sie sich die Bilder auf dieser Seite an.
   Was sagen sie Ihnen über das Wirken des Heiligen Geistes?

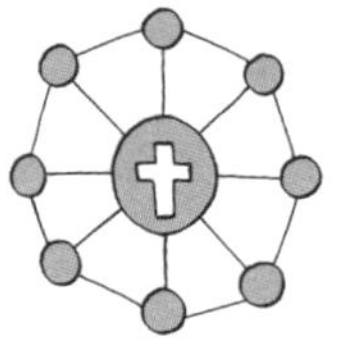

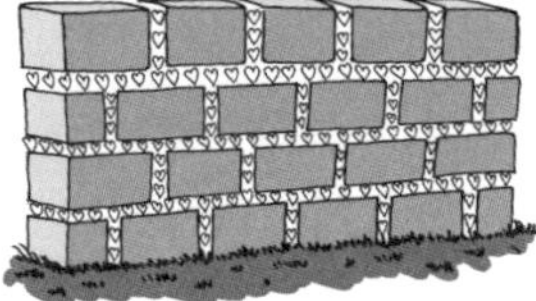

2. Lesen Sie nun die hier angegebenen Bibelverse und überlegen Sie, welcher Vers zu welchem Bild passen könnte!

BIBELTEXT

Johannes 20,21-23: [21] „Friede sei mit euch!", sagte Jesus noch einmal zu ihnen. „Wie der Vater mich gesandt hat, so sende ich jetzt euch." [22] Und er hauchte sie an und sagte: „Empfangt den Heiligen Geist! [23] Wem ihr die Sünden vergebt, dem sind sie vergeben; wem ihr sie nicht vergebt, dem sind sie nicht vergeben."

Philipper 2,1-5: [1] Nicht wahr, es ist euch wichtig, einander im Namen von Christus zu ermutigen? Es ist euch wichtig, euch gegenseitig mit seiner Liebe zu trösten, durch den Heiligen Geist Gemeinschaft miteinander zu haben und einander tiefes Mitgefühl und Erbarmen entgegenzubringen? [2] Nun, dann macht meine Freude vollkommen und haltet entschlossen zusammen! Lasst nicht zu, dass euch etwas gegeneinander aufbringt, sondern begegnet allen mit der gleichen Liebe und richtet euch ganz auf das gemeinsame Ziel aus. [3] Rechthaberei und Überheblichkeit dürfen keinen Platz bei euch haben. Vielmehr sollt ihr demütig genug sein, von euren Geschwistern höher zu denken als von euch selbst. [4] Jeder soll auch auf das Wohl der anderen bedacht sein, nicht nur auf das eigene Wohl. [5] Das ist die Haltung, die euren Umgang miteinander bestimmen soll; es ist die Haltung, die Jesus Christus uns vorgelebt hat.

1. Korinther 12,13: Denn wir alle – ob Juden oder Nichtjuden, Sklaven oder Freie – sind mit demselben Geist getauft worden und haben von derselben Quelle, dem Geist Gottes, zu trinken bekommen, und dadurch sind wir alle zu einem Leib geworden.

1. Korinther 12,7+11: [7] Bei jedem zeigt sich das Wirken des Geistes auf eine andere Weise, aber immer geht es um den Nutzen der ganzen Gemeinde. [11] Das alles ist das Werk ein und desselben Geistes, und es ist seine freie Entscheidung, welche Gabe er jedem Einzelnen zuteilt.

Wie in der letzten Einheit wollen Bilder und Bibeltexte einander deuten. Nehmen Sie auch hier die beigefügten Erläuterungen zu den Bildern und Bibelversen als Anregung für Ihr weiteres Gespräch darüber, was der Heilige Geist in Ihrer und durch Ihre Gemeinde tun will!

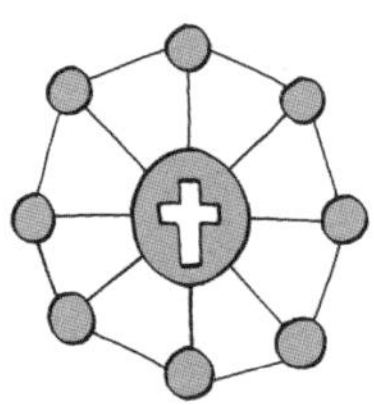

Zu Bild „Rad mit Jesus in der Mitte" – 1 Kor 12,13. „Denn wir alle – ob Juden oder Nichtjuden, Sklaven oder Freie – sind mit demselben Geist getauft worden und haben von derselben Quelle, dem Geist Gottes, zu trinken bekommen, und dadurch sind wir alle zu einem Leib geworden."

Die Gemeinde ist durch ein gemeinsames Zentrum zusammengehalten. So wie jeder Einzelne seine Beziehung zu Jesus Christus hat – gestiftet und geprägt durch den Heiligen Geist (vgl. Einheit 3) –, so haben alle anderen in der Gemeinde ihre Beziehung zu Jesus Christus – gestiftet und geprägt durch den Heiligen Geist. Kein Christ ist alleine Christ. Den Vater im Himmel gibt es nicht ohne Geschwister! Im Apostolischen Glaubensbekenntnis taucht darum im 3. Abschnitt, der vom Heiligen Geist handelt, die Kirche auf. Der Heilige Geist macht die Kirche aus, indem er alle Glaubenden zusammenführt, aufeinander verweist und sie einander zuordnet.

Initiation zur vollgültigen Mitgliedschaft war in der urchristlichen Missionssituation die Taufe, die nach außen angezeigt hat, dass jemand zum Glauben an Jesus gekommen war und dies nun mit allen Konsequenzen leben möchte. Später, in der Alten Kirche, fand die Taufe nach einem Taufunterricht statt, d. h. auch hier folgte die Taufe auf den Glauben. Heute wird in traditionellen Kirchen überwiegend die Säuglingstaufe praktiziert. Hier ist zu fragen, ob bei der Säuglingstaufe der Heilige Geist verliehen wird. Dies muss wohl verneint werden. Die Säuglingstaufe ist ein Anfang und zielt auf den persönlichen Glauben, der – wann und wo Gott es will – durch den Heiligen Geist geschenkt wird.

Alle Glaubenden zentriert der Heilige Geist auf die gemeinsame Mitte: Jesus Christus. Dieser ist die gemeinsame Nabe, um die sich das Rad dreht. Aber weil jeder Einzelne mit Jesus verbunden ist, sind immer auch alle miteinander verbunden. Wenn nun aber alle denselben einen Geist haben, der mit dem einen Zentrum verbindet und auch untereinander zusammenschweißt, werden Unterschiede in der Gemeinde hinfällig. Es zählt nicht mehr Geschlecht, Staatsangehörigkeit, sozialer Status usw., sondern durch Jesus Christus sind alle vor Gott gleich geachtet und gleich wertvoll (vgl. Einheit 2).

Durch das gemeinsame Zentrum kommt es unweigerlich zu Beziehungen untereinander. Glaube ohne Gemeinde ist daher undenkbar. Glaube ohne Gemeinde ist ein rudimentärer Glaube, denn ihm fehlt Wesentliches. Seit der Neuzeit wird Glaube vielfach als Privatsache angesehen, den man auch gut ohne die anderen pflegen kann. Doch ist das so? Die, die das behaupten, verkennen den Wert und die Notwendigkeit der christlichen Gemeinschaft, in der man ganz praktisch füreinander da ist, mit- und füreinander betet, gemeinsam auf Gott hört, einander segnet, ermutigt, ermahnt, unterstützt usw.

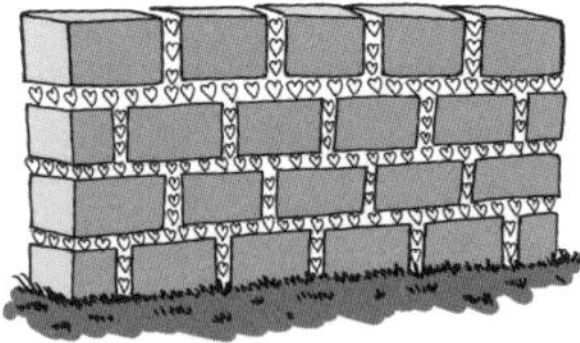

Zu Bild „Mauer mit Herzen dazwischen" – Phil 2,1-5. „Nicht wahr, es ist euch wichtig, einander im Namen von Christus zu ermutigen? Es ist euch wichtig, euch gegenseitig mit seiner Liebe

zu trösten, durch den Heiligen Geist Gemeinschaft miteinander zu haben und einander tiefes Mitgefühl und Erbarmen entgegenzubringen? Nun, dann macht meine Freude vollkommen und haltet entschlossen zusammen! Lasst nicht zu, dass euch etwas gegeneinander aufbringt, sondern begegnet allen mit der gleichen Liebe und richtet euch ganz auf das gemeinsame Ziel aus. Rechthaberei und Überheblichkeit dürfen keinen Platz bei euch haben. Vielmehr sollt ihr demütig genug sein, von euren Geschwistern höher zu denken als von euch selbst. Jeder soll auch auf das Wohl der anderen bedacht sein, nicht nur auf das eigene Wohl. Das ist die Haltung, die euren Umgang miteinander bestimmen soll; es ist die Haltung, die Jesus Christus uns vorgelebt hat.“

Haben Sie Geschwister? Wenn ja, dann wissen Sie, dass es in der besten Familie nicht nur Sonnen-, sondern auch Regentage gibt. Weil auch in der Gemeinde nicht nur Gottes Geist herrscht, erlebt man die anderen nicht nur als Geschenk, sondern auch als Herausforderung. Flapsig gesagt: „Auch Geschwister im Herrn können ganz schön nerven!“ Und schauen wir uns unsere 2000 Jahre Kirchengeschichte an, wie viel Streit und wie viel Uneinigkeit es da gab, bis hin zu den Spaltungen in die verschiedenen Konfessionen – bis heute.

Doch die Liste der Früchte, die Gottes Geist in uns hervorrufen will (vgl. Gal 5,22+23), wird angeführt von der Liebe. Miteinander Gemeinde zu sein, heißt daher nicht, dass es keine Meinungsverschiedenheiten geben darf, sondern dass das gemeinsame Zentrum eint. Für Zentrierte gehört es sich, dass man trotz allem an einem Strang zieht und beieinander bleibt. Wenn dieses Zentrum es vorgelebt und gezeigt hat, dass sogar Feindesliebe möglich ist – wieso leben Glaubensgeschwister dies manchmal so wenig? Jesus trägt seinen Jüngern auf (Joh 15,12): „Liebt einander, wie ich euch geliebt habe; das ist mein Gebot.“

Es kann der Eindruck aufkommen, dass auch in der Gemeinde Jesu Gottes Geist noch einiges zu tun hat. Nämlich dann, wenn sich die Gemeindeglieder anstatt an Jesu Liebe an Sympathie und Antipathie orientieren:

Dem einen gefällt die Nase vom anderen nicht! Darum will er mit dem nichts zu tun haben.

Bei anderen ist vor langer Zeit etwas vorgefallen, vielleicht noch in der Zeit der Großeltern. Darum will der eine mit dem anderen nichts zu tun haben.

Und umgekehrt: Mit diesen fünf bis acht Mitchristen kann es einer besonders gut. Sie reichen ihm als Gemeinde. Eine Gefahr für Hauskreise!

Zu viel Sympathie und Antipathie ist Gift für die Gemeinde! Was uns eins macht, ist Jesus, unser Zentrum – nicht unsere Sympathie füreinander. So wenig ich mir meine Geschwister in der Familie aussuchen kann, so wenig kann ich mir meine Glaubensgeschwister aussuchen. Sie sind mir von Gott sozusagen verordnet! Röm 12,18: „Wenn es möglich ist und soweit es an euch liegt, lebt mit allen Menschen in Frieden.“ Darum darf es in der Gemeinde Jesu nicht mehr heißen: „Wie du mir, so ich dir!“, sondern: „Wie Gott mir, so ich dir!“ Als Christen bestimmt unser Zentrum unser Verhalten. Daran will uns der Heilige Geist immer wieder erinnern und helfen. Das Neue Testament nennt das *Agape* (die an Gottes Verhalten orientierte Liebe) – im Gegensatz zu *Philia* (die freundschaftliche Liebe, die auf Sympathie beruht).

Die Gemeinde ist kein Klub von Sympathisanten, die bei rückläufiger Sympathie auseinandergehen, sondern Geschwister mit einem gemeinsamen Zentrum, das befähigt, empfangene Liebe weiterzugeben – auch wenn diese Liebe nicht erwidert werden sollte.

In 1 Petr 2,5 wird beschrieben: „Lasst euch selbst als lebendige Steine in das Haus einfügen, das von Gott erbaut wird und von seinem Geist erfüllt ist.“ Damit es zwischen den Steinen nicht so sehr knirscht und reibt, ist der Heilige Geist der Mörtel zwischen ihnen – wie ein Puffer. Als Gemeinde brauchen wir diesen Puffer aus Liebe, die er uns ins Herz gibt, damit wir miteinander auskommen können. Wenn wir uns immer mehr an Jesus und seiner Liebe orientieren, kann sein Gebot bei uns Gestalt annehmen, einander so zu lieben, wie er uns geliebt hat.

Beispiele:

- Ich kann vergeben und Versöhnung anstreben, auch wenn mir gar nicht danach ist – weil ich weiß: „Wie Gott mir, so ich dir!"
- Ich kann zurückstehen, auch wenn mir gar nicht danach ist und ich selber nicht zu kurz kommen will – weil ich weiß: „Wie Gott mir, so ich dir!"

Dazu möchte der Heilige Geist helfen: „Jeder soll auch auf das Wohl der anderen bedacht sein, nicht nur auf das eigene Wohl." (Phil 2,4). Er will bewirken, dass es in der Gemeinde nicht zu sehr menschelt, sondern unsere Gesinnung am Vorbild Jesu orientiert ist.

Es stimmt schon: Sünde ist in der Gemeinde unbedingt beim Namen zu nennen. Aber nicht, ohne im gleichen Atemzug auf Jesus und seine immerwährende Bereitschaft zur Vergebung hinzuweisen. Es muss deutlich werden: „Hier bist du trotz allem willkommen!" Die Gemeinde Jesu besteht aus Sündern, die bei Jesus immer wieder Gnade erleben. Deshalb ist Gnade das Markenzeichen seiner Kirche. Wir sollen Empfangenes weitergeben. Der Heilige Geist steht für diese Einheit der begnadigten und darum gnädigen Sünder.

Zu Bild „Geschenke" – 1 Kor 12,7+11. „Bei jedem zeigt sich das Wirken des Geistes auf eine andere Weise, aber immer geht es um den Nutzen der ganzen Gemeinde. [11] Das alles ist das Werk ein und desselben Geistes, und es ist seine freie Entscheidung, welche Gabe er jedem Einzelnen zuteilt."

Der Heilige Geist ist der Gabengeber. Paulus benutzt in 1 Kor 12 für die Gemeinde das Bild des Leibes. Gemeinde funktioniert demnach wie ein Körper: Jedes Organ, jedes Körperteil hat seine spezifische Aufgabe. Jeder ist begabt. Keiner, der alles kann. Keiner, der nichts kann. Jeder wird gebraucht. Jeder ist vom Heiligen Geist geadelt und dazu aufgerufen, mit seiner Gabe Gott zu verherrlichen und der Gemeinschaft zu dienen.

Die unterschiedlichen Gaben sind für das gute Miteinander da. Deshalb haben in der Gemeinde Minderwertigkeitsgefühle keinen Platz, weil einer scheinbar weniger begabt ist als ein anderer (vgl. 1 Kor 12,15-18). Denn jeder ist begabt, so wie Gottes Geist es will! Genauso wenig haben hier Hochmutsallüren etwas zu suchen, weil der eine sich für begabter hält als andere (vgl. 1 Kor 12,21-25). Denn jeder ist begabt, so wie Gottes Geist es will! Gaben dienen nicht dazu, sich selbst darzustellen, sondern um sich gegenseitig zu erbauen und einander Gutes zu tun. Die Gemeinde Jesu besteht aus Komplizen, nicht aus Konkurrenten – wir ergänzen und bereichern uns gegenseitig. Gaben wollen in Liebe ausgeübt werden. Deshalb ist die größte Gabe die Liebe (vgl. 1 Kor 13).

Doch bringen wir unsere Gaben auch ein? Gabe bedeutet immer zugleich Aufgabe. Gott macht reich – zuallererst für andere! Die Gemeinde kann nur (über)leben, wenn jeder seine Gaben einbringt. Und je mehr das tun, desto bunter und fröhlicher wird Gemeinde. Darum gilt: Wer Christ ist, ist automatisch Mitarbeiter im Reich Gottes. Jeder soll mit seiner Gabe das gemeinsame Zentrum verherrlichen – doch nicht aus Zwang und Pflichtgefühl, sondern aus Dank gegenüber dem, der ihn beschenkt. Darum sollten wir uns als Gemeinde aufmachen und helfen, die Gaben der einzelnen Gemeindeglieder zu entdecken! Dazu braucht es Ermutigung, ehrliches Lob und auch wohlwollende, konstruktive Kritik. Der Heilige Geist verleiht diesen Teamgeist! (Mehr zum Thema Gaben in Einheit 5)

Zu Bild „Mission" – Joh 20,21-23. „‚Friede sei mit euch!', sagte Jesus noch einmal zu ihnen. ‚Wie der Vater mich gesandt hat, so sende ich jetzt euch.' Und er hauchte sie an und sagte: ‚Empfangt den Heiligen Geist! Wem ihr die Sünden vergebt, dem sind sie vergeben; wem ihr sie nicht vergebt, dem sind sie nicht vergeben.'"

Der Heilige Geist lenkt unseren Blick heraus aus der Gemeinde. Er gibt sich nie zufrieden mit denen, die schon zu Jesus gehören, sondern will durch uns noch viele für seine Gemeinde gewinnen. Jedes der vier Evangelien endet mit einer Aufforderung, den Glauben nicht für sich zu behalten, sondern fröhlich von Jesus weiterzusagen (vgl. Mt 28,18-20; Mk 16,15; Lk 24,47-49; Joh 17,18 + 20,21-23). Wir sind aufgefordert (1 Petr 3,15): „Seid jederzeit bereit, jedem Rede und Antwort zu stehen, der euch auffordert, Auskunft über die Hoffnung zu geben, die euch erfüllt." Wer den Willen Christi befolgen möchte, ist daher selbstverständlich Mitarbeiter in der Gemeinde (Innenperspektive) und selbstverständlich auch Missionar für die Gemeinde (Außenperspektive).

Aber Jesus fordert uns nicht nur dazu auf, Missionare zu sein, er hilft uns auch dabei. Er fordert mich und er fördert mich. Der Heilige Geist wird in der Bibel auffällig oft im Zusammenhang mit Mission erwähnt, vermutlich weil der Widersacher Gottes nicht will, dass Jesus Thema ist und bekannt gemacht wird. Als Botschafter Christi sind Christen umkämpft und benötigen besonderen göttlichen Beistand. Der Heilige Geist weiß, wie schwer es oft fällt, sich mutig zu Jesus zu bekennen. Wenn Schwierigkeiten dabei auftreten, dürfen folgende Worte Jesu persönlich genommen werden (Mk 13,11): „Wenn man euch verhaftet und vor Gericht stellt, dann macht euch nicht im Voraus Sorgen, was ihr sagen sollt. Denn wenn es so weit ist, wird euch eingegeben, was ihr sagen müsst. Nicht ihr seid es, die dann reden, sondern der Heilige Geist." Der Heilige Geist ist die kreative Inspiration in solchen Situationen.

Wie sind wir Missionare? Andere Frage: Wie sind Sie Ehepartner? Wie sind Sie Mutter oder Vater? Ganz einfach: Sie sind es! Jesus sagt in der Bergpredigt: „Ihr seid das Salz der Erde… Ihr seid das Licht der Welt" (Mt 5,13f; L). Er sagt nicht: „Vielleicht, unter Umständen, irgendwann mal könntest auch du ein Salz oder ein Licht sein." Er sagt: „Du bist es!" Jeder, der an Jesus glaubt, ist hauptberuflich Missionar. Mission ist nichts Zusätzliches, Mission ist Lebensstil. So wie wir nicht nur gelegentlich Ehepartner oder Eltern sind, genauso legen wir unser Christsein nicht ab, wenn wir morgens aus dem Haus gehen. Wer die Augen aufschlägt, befindet sich auf dem Missionsfeld! Mission beginnt vor der Haustür – oder auch schon innerhalb der eigenen vier Wände.

Wie gelingt das aber konkret? Indem Sie die Gaben entdecken, die der Heilige Geist Ihnen geschenkt hat. Missionarischer Lebensstil orientiert sich an Gaben:

- Dem einen fällt es leicht, Menschen anzusprechen und zu einer christlichen Veranstaltung einzuladen.
- Anderen fällt es leicht, von Jesus öffentlich zu erzählen und zu predigen.
- Andere sind diakonisch Missionare und antworten, wenn die zu Pflegenden sie fragen, warum sie diese Arbeit tun und was ihr Halt im Leben und im Sterben ist.
- Andere sind musikalische Missionare.
- Andere setzen ihre handwerklichen Gaben für die Mission ein. Usw.

Jede Gabe birgt in sich die Chance, sie für Evangelisation und Mission einzusetzen. Jesus soll und will auf alle erdenkliche Weise bekannt gemacht werden. Dafür verleiht der Heilige Geist

Kreativität. Welches ist Ihre Gabe? Welches ist Ihr missionarischer Lebensstil? Der Heilige Geist will Sie für Jesus begeistern, sodass Sie übersprudeln und es Ihnen ein inneres Bedürfnis wird, ihn weiterzugeben.

Und wie begegnen wir den Menschen? Paulus sagt: Ich bin den Juden ein Jude geworden und den Griechen ein Grieche. Und weiter in 1 Kor 9,22: „In jedem einzelnen Fall nehme ich jede nur erdenkliche Rücksicht auf die, mit denen ich es gerade zu tun habe, um jedes Mal wenigstens einige zu retten." Zu warten, dass die Menschen in die Gemeinde kommen, hat wenig Aussicht. Dagegen ist es vielversprechend, zu ihnen hinzugehen. An Jesus orientierte Missionare geben sich hinein in die Situation derer, an die sie die Liebe Gottes weitergeben. Das heißt, echtes Interesse an ihnen zu zeigen, ihr Vertrauen und ihre Freundschaft zu gewinnen, um dann im rechten Moment mit ihnen auch über Hoffnung, Halt, Perspektive – das, was jeden Menschen umtreibt, und was Jesus jedem schenken will – zu sprechen. Freundschaftsmission!

Wir Christen neigen manchmal dazu, zu sehr in der Gemeinde zu verharren. Der Heilige Geist treibt uns heraus aus unserer Gemeinde.

Sie haben gehört, wie der Heilige Geist auch in Ihrer Gemeinde wirken möchte und Ihr Gemeindeleben reicher machen kann.

AUSTAUSCH

(15–30 Minuten) Wählen Sie ggf. unter den Fragen aus. Sie können das Gespräch mit einem gemeinsamen Gebet abschließen.

1. In welchem dieser Bereiche ist Ihre Gemeinde „fortgeschritten" und Sie haben Grund, Gott zu danken?

2. Welches sind die Bereiche, in denen Ihre Gemeinde am wenigsten entwickelt ist? Was möchten Sie tun, um diesem Mangel – mithilfe des Heiligen Geistes – abzuhelfen?

3. Gibt es Menschen, mit denen Sie gestritten haben? Sind Sie bereit, auf sie zuzugehen, um die von Jesus empfangene Gnade weiterzureichen? Auch hier in Ihrer Gruppe?

4. Kennen Sie Ihre Gaben? Wie wäre es, wenn Sie in Ihrer Gruppe/Gemeinde einen Gabentest durchführen? (Zu empfehlen ist z. B. Christian A. Schwarz: „Die 3 Farben deiner Gaben".) Beten Sie, dass Gott Ihnen zeigt, womit er Sie begabt hat, und setzen Sie Ihre Gabe dann fröhlich zur Ehre Gottes ein!

5. Für wen wollen Sie ein Missionar sein und zu ihr/ihm näheren Kontakt aufbauen?

Der Heilige Geist und seine besonderen Wirkungen

5

1. Korinther 12,4-11

EINSTIEG
(15–20 Minuten). Wählen Sie bitte eine oder zwei Fragen aus.

1. Geschenke mag jeder gern. Haben Sie in letzter Zeit etwas geschenkt bekommen? Was war es?

2. Welche Begabungen sehen Sie bei den Mitgliedern Ihrer Gruppe? Vielleicht tauschen Sie sich darüber aus und machen einander Komplimente.

3. Welche Gaben erscheinen Ihnen für eine Gemeinde wichtig zu sein?

4. Ist Ihrer Meinung nach eine Gabe erlernbar?

BIBELTEXT

Der Gabengeber und seine Gaben

4 Es gibt viele verschiedene Gaben, aber es ist ein und derselbe Geist, der sie
uns zuteilt. 5 Es gibt viele verschiedene Dienste, aber es ist ein und derselbe
Herr, der uns damit beauftragt. 6 Es gibt viele verschiedene Kräfte, aber es
ist ein und derselbe Gott, durch den sie alle in uns allen wirksam werden.

7 Bei jedem zeigt sich das Wirken des Geistes auf eine andere Weise, aber
immer geht es um den Nutzen der ganzen Gemeinde. 8 Dem einen wird durch
den Geist die Fähigkeit geschenkt, Einsichten in Gottes Weisheit weiterzugeben. Der andere erkennt und sagt mit Hilfe desselben Geistes, was in
einer bestimmten Situation zu tun ist. 9 Einem dritten wird – ebenfalls durch
denselben Geist – ein besonderes Maß an Glauben gegeben, und wieder
ein anderer bekommt durch diesen einen Geist die Gabe, Kranke zu heilen.
10 Einer wird dazu befähigt, Wunder zu tun, ein anderer, prophetische Aussagen zu machen, wieder ein anderer, zu beurteilen, ob etwas vom Geist
Gottes gewirkt ist oder nicht. Einer wird befähigt, in Sprachen zu reden, die
von Gott eingegeben sind, und ein anderer, das Gesagte in verständlichen
Worten wiederzugeben. 11 Das alles ist das Werk ein und desselben Geistes,
und es ist seine freie Entscheidung, welche Gabe er jedem Einzelnen zuteilt.

BIBELGESPRÄCH

(30–40 Minuten). Wählen Sie ggf. unter den Fragen aus.

1. Was würden Sie zu Menschen sagen, die darüber enttäuscht sind, dass sie die Gabe, die sie sich wünschen, nicht haben? Was zu denen, die stolz auf ihre Gabe sind?

2. Haben Sie Erfahrung mit den von Paulus geschilderten „besonderen Gaben“ des Heiligen Geistes?

3. Wie würden Sie (z. B. als leitender Gemeindemitarbeiter) reagieren, wenn jemand mit dem Wunsch auf Sie zukäme, im Gottesdienst Zungenrede auszuüben? Und wie – wenn Zungenrede bei Ihnen bisher üblich war –, wenn sie nun abgeschafft werden sollte?

4. Wie gehen Sie damit um, wenn Sie lesen, dass Jesus geheilt hat, auch in der Urgemeinde Menschen geheilt wurden und auch heutzutage noch von Heilungen berichtet wird, Sie aber keine Heilung erleben?

AUSTAUSCH

(15–30 Minuten) Wählen Sie ggf. unter den Fragen aus. Sie können das Gespräch mit einem gemeinsamen Gebet abschließen, in dem Sie auf mögliche Fragen und Anliegen Bezug nehmen, die im Gespräch deutlich geworden sind. Fragen, die nicht in der Gruppe thematisiert werden, können Ihnen auch als Anstoß dienen, zu Hause den Text vertiefend zu betrachten.

1. Welche Gabe entdecken Sie an sich?

2. Sind Sie zufrieden mit dem, was Ihnen geschenkt ist? Oder haben Sie Neidgedanken? Wenn ja, was könnte helfen, Zufriedenheit zu finden? Gibt es konkrete Schritte auf dem Weg zum Frieden, die Sie sich vornehmen wollen, wie z. B. eine Gabe neu auszuprobieren?

3. Fragen Sie sich: Setze ich meine Gabe für mich ein oder diene ich mit ihr Gott und anderen?

4. Neben diesen z. B. in 1 Kor 12 beschriebenen, eher besonderen Gaben gibt es auch „natürliche“ Begabungen (vgl. letzte Einheit). Haben Sie schon einmal einen Gabentest gemacht?

Zusammenhang des Textes: Paulus antwortet im 1. Korintherbrief auf Missstände, die sich dort in der Gemeinde eingeschlichen hatten. Vielleicht wurde er sogar aus Korinth angefragt, Stellung zu einzelnen Themen zu nehmen. Nachdem er in Kapitel 11 Angelegenheiten des Gottesdienstes behandelt (1. Frauen im Gottesdienst, 2. Wie feiert man angemessen Abendmahl, sodass es nicht die Gemeinde spaltet), geht er in den Kapiteln 12 bis 14 ausführlich auf den Themenkomplex Gemeinde und das Miteinander in ihr ein. In Kapitel 12 beschreibt er, wie Gottes Gaben die Gemeinde bereichern, doch dann auch, wie sie falsch angewendet das Miteinander der Gemeinde gefährden können. Den Brennpunkt seiner Argumentation (vgl. 1 Kor 12,31) bildet Kapitel 13, wo er die größte aller Gaben beschreibt: die Liebe. Sie ist die innere Haltung, mit der Christen sich begegnen sollen bzw. das zusammenschweißende Element zwischen ihnen. Danach kommt er in Kapitel 14 wieder zurück auf das Thema Gottesdienst, diesmal aber zugespitzt mit der Fragestellung, welche der in Kapitel 12 aufgelisteten Gaben den Gottesdienst nun eigentlich bereichern. Weil in Korinth die eine Gabe der Zungenrede zu hoch geachtet wurde, muss Paulus hier korrigieren. Zum einen diskriminiert der unreflektierte Gebrauch dieser Gabe diejenigen in der Gemeinde, die diese Gabe nicht haben und daher nicht im Zungenreden mithalten können (Innenperspektive). Zum anderen: Wenn diese Gabe Übergewicht bekommt, verstehen die nichts, die nicht zur Gemeinde gehören. Dies wiederum kann das Ansehen der christlichen Gemeinde schmälern und auch ein missionarisches Interesse des christlichen Gottesdienstes untergraben (Außenperspektive). Der Gabe der Zungenrede gegenüber streicht er die Gabe der prophetischen Rede als die im Zweifelsfall angemessenere Form für den Lobpreis Gottes im Gottesdienst heraus. Hinter dieser Gabe verbirgt sich kurz gefasst die aktualisierende Zuspitzung des Gotteswillens an die gegenwärtigen Gottesdienstbesucher – also das, was man heute klassisch unter einer Predigt versteht.

12,4-6. Es gibt viele verschiedene Gaben, aber es ist ein und derselbe Geist, der sie uns zuteilt. Es gibt viele verschiedene Dienste, aber es ist ein und derselbe Herr, der uns damit beauftragt. Es gibt viele verschiedene Kräfte, aber es ist ein und derselbe Gott, durch den sie alle in uns allen wirksam werden. Wie kann ich mein Christsein leben? Und wie können wir als Gemeinde miteinander unser Christsein leben? Diese Fragen trieben schon Paulus und auch die Christen in Korinth um. Paulus antwortet in den ersten drei Versen: Von Gott kommt beides, sowohl die **Aufgaben** des Alltags, die uns als Christen herausfordern, als auch die **Gaben**, d. h. der Reichtum, mit dem wir den Aufgaben begegnen können. Paulus konzentriert sich in seiner Argumentation auf Aufgaben innerhalb der Gemeinde, was aber nicht heißt, dass Herausforderungen außerhalb der Gemeinde nicht in die Gemeinde gehören. In der Gemeinde wird erfahrbar, wie Gott in seiner Fürsorge dem Einzelnen Geschwister zur Seite stellt. Sie können deshalb dem Einzelnen helfen, weil sie von Gott anders begabt sind als der Einzelne. Meinen individuellen Alltag mit seinen spezifischen Herausforderungen kann ich als Christ dann meistern, wenn ich Gottes Hilfe durch den anderen akzeptiere, in Anspruch nehme und in die Herausforderungen meines Alltags miteinbeziehe. Damit ist aus Gottes Perspektive die Herausforderung des Einzelnen nicht sein Problem allein, sondern herausgefordert sind immer alle in der Gemeinde, wenn einer von ihnen herausgefordert ist.

Die **Wirkungen des Heiligen Geistes** bindet Paulus dabei ganz eng an Gott. Gott ist es, der einem Einzelnen eine Aufgabe stellt bzw. ihn in eine Herausforderung hineinstellt. Aber er schenkt durch das Wirken seines Heiligen Geistes auch die nötige Hilfestellung, die den Einzelnen befähigen, mit seiner Aufgabe umzugehen. Der Geist verleiht Gaben, weil Gott Aufgaben gibt, zu denen wir geistliche Hilfestellung nötig haben. Der Heilige Geist wirkt also nicht selbstständig, sondern als Gottes dienstbarer Geist. Der eine Gott und der eine Heilige Geist sind Teamspieler, wie auch Gott und Mensch Teamspieler sind. (Vgl. Eph 2,10;

L: „Wir sind sein Werk, geschaffen in Christus Jesus zu guten Werken, die Gott zuvor bereitet hat, dass wir darin wandeln sollen.")

Doch die Unterschiedlichkeit der Aufgaben/Werke und Gaben verleitet leicht zur gegenseitigen Über- oder Unterbewertung (vgl. 1 Kor 12,15-20). Ein liebloses Neiden und Abwerten anderer (vgl. Kap. 13) ist ungeistlich. Solch einem Mangel an Liebe begegnet Paulus, indem er den Urheber aller Gaben betont: der eine Geist. Genauso wenig, wie man ihn gegen Gott ausspielen kann, da beide zusammenspielen, kann man seine Geschenke gegeneinander ausspielen bzw. höher oder geringer werten – und damit auch nicht die empfangenden Personen, die im Vorgang des Beschenktwerdens ja rein passiv sind. (Darum hat keiner Grund, sich selbst zu rühmen, vgl. 1 Kor 4,7.) Sowohl Aufgaben als auch Gaben als auch Personen sind gleichwertig, auch wenn sie sich nicht gleichen. Die in Eph 2,10 geforderten Werke/Aufgaben sind als Teamplayer zu bewältigen – Team in Hinblick auf Geist und Mensch und auch auf Mensch und Mensch.

In Spannung könnte das Gesagte zu 1 Kor 12,31 und 14,1 stehen, wenn Paulus hier auffordert (L): „Strebt aber nach den größeren Gaben!" bzw. „Strebt nach der Liebe!" Paulus widerspricht sich nur schwerlich selbst. Mit „größeren Gaben" meint er die, die der Gemeinde am meisten nützen – entsprechend 1 Kor 14,1 ist das die Gabe der prophetischen Rede.

Weil Gott uns seine Gaben anbietet, sollen wir nach ihnen verlangen. Dass er selbst durch seinen Geist sie uns gibt, macht unser Verlangen nicht bedeutungslos.

12,7. Bei jedem zeigt sich das Wirken des Geistes auf eine andere Weise, aber immer geht es um den Nutzen der ganzen Gemeinde. Pointiert stellt Paulus heraus, dass Gottes Geist Gaben bewusst unterschiedlich verteilt. Aber es steht fest: **Bei jedem** sind Gaben zu finden! Kein Einzelner, der keine Gabe hat. Keiner, der vergessen oder übergangen wurde. Kein Christ braucht Minderwertigkeitsgefühle zu haben. Jeder ist beschenkt und kann das Seine zum Ganzen beitragen. Der Geist bevorzugt keinen. Dem widerspricht nicht, dass Gaben zu unterschiedlichen Zeiten unterschiedlich stark ausgeprägt sein können.

Die Hand, die eine Zuteilung erhalten hat, darf sich nicht selbstgenügsam schließen. Wie der auf der einen Seite vom Pferd fällt, der sich zu kurz gekommen fühlt, fällt der auf der anderen Seite vom Pferd, der hochmütig nur sich sieht. Mit dem Geschenk an den einen hat der Geist immer alle im Blick. Die Auferbauung des Ganzen schließt ein Individualglück zwar nicht aus, geht aber im Zweifelsfall vor. Zum **Nutzen der ganzen Gemeinde** heißt das geistliche Gemeindeaufbaumotto. Wenn Gott einen beschenkt, beschenkt er damit alle. Jede Gabe ist Dienstgabe (vgl. Röm 12,5). Geistliche Menschen wollen anderen mit Hingabe dienen, weil Gott ihnen in Christus hingebungsvoll gedient hat. Das, was zugeteilt wird, soll zum Nutzen für alle sein, zum segensvollen Gebrauch. Wenn ich so meine Gaben einsetze, freut sich Gott, kann sich der andere freuen – und erst dann bin auch ich wirklich beschenkt.

12,8. Dem einen wird durch den Geist die Fähigkeit geschenkt, Einsichten in Gottes Weisheit weiterzugeben. Der andere erkennt und sagt mit Hilfe desselben Geistes, was in einer bestimmten Situation zu tun ist. Neun Charismen werden im Folgenden aufgelistet: Das sind übernatürliche, geistgewirkte Fähigkeiten – im Gegensatz zu natürlichen Fähigkeiten wie Klavierspiel, Kuchenbacken oder handwerkliche Begabung, die man ohne Wirken des Heiligen Geistes haben kann. Selbstverständlich kann Gott auch sie gebrauchen, aber davon ist bei Paulus jetzt nicht die Rede.

Nicht nach Wichtigkeit sortiert, beginnt Paulus mit der **Fähigkeit... Einsichten in Gottes Weisheit weiterzugeben.** Diese Weisheit hat der andere nötig, der selber den Durchblick nicht hat in aktuellen Fragen und praktischen Aufgaben, die das Leben an ihn stellt. Gott begabt zur Wegweisung. Das richtige Wort, in Liebe ausgeteilt, richtet nicht, sondern richtet auf.

Daneben stellt Paulus die Fähigkeit, den **Willen Gottes** zu erkennen und diesen in eine Situation hineinzusprechen oder einem anderen direkt zuzusagen. Dies umfasst, Gottes Heilsplan als Ganzes zu überblicken und offenzulegen, welche Rolle Gott einem einzelnen Menschen in diesem Heilsplan zugedacht hat.

12,9. Einem dritten wird – ebenfalls durch denselben Geist – ein besonderes Maß an Glauben gegeben, und wieder ein anderer bekommt durch diesen einen Geist die Gabe, Kranke zu heilen. Nun wird **ein besonderes Maß an Glauben** genannt. Dies wird wohl nicht der rettende Heilsglaube an Jesus Christus sein, den ja jeder haben muss, der zur Gemeinde gehört; sondern aus ihm erwächst bei manchen ein Glaube, der Berge versetzt (13,2; vgl. Mt 17,20; 21,21). Biografien wie die der Männer und Frauen des Glaubens aus Hebräer 11 helfen bis heute Gemeindegliedern und stärken Glauben. Daneben sind Lebensbilder und Vorbilder aktueller „Glaubenshelden“ zu stellen, die mit Mut, Gebet und Gottvertrauen Gott und ihren Nächsten dienen.

Spektakulär erscheint die **Gabe, Kranke zu heilen**. Ob dies durch Gebet wie in Jak 5,14f oder durch Handauflegung (vgl. Mk 16,18) geschieht, ist nicht näher bestimmt. Als Jesus als Wanderprediger durch die Lande zog, heilte er immer wieder Menschen (z. B. Mk 1,21-45). Dadurch unterstrich er seinen Auftrag, Gottes wohltuenden Frieden zu den Menschen zu bringen. Genauso kann es heute geschehen, dass Menschen nicht nur zum Glauben kommen, sondern an Seele und Körper heil werden.

Sicherlich eine Überlegung wert ist der Gedanke, inwiefern die Wunder der heutigen Medizin als Handeln Gottes erachtet werden sollten. Gewiss ist die Rede vom Arzt als „Gott in Weiß“ übertrieben und unangebracht. Doch sollten wir nicht das Wunderwerk der Technik und der medizinischen Möglichkeiten als Geschenk Gottes ansehen, wodurch er heute vielfach Wunder wirkt?

12,10. Einer wird dazu befähigt, Wunder zu tun, ein anderer, prophetische Aussagen zu machen, wieder ein anderer, zu beurteilen, ob etwas vom Geist Gottes gewirkt ist oder nicht. Einer wird befähigt, in Sprachen zu reden, die von Gott eingegeben sind, und ein anderer, das Gesagte in verständlichen Worten wiederzugeben. Ebenso gehören **Wunder** zu dem, was Gottes Geist durch Einzelne wirken will. Auffällig ist, dass Paulus Krankenheilungen und Wunder im Griechischen in der Mehrzahl auflistet. Manche Ausleger interpretieren das so, dass diese beiden Gaben keine verliehenen Fähigkeiten sind, mit denen ein bestimmter Mensch dauerhaft begabt ist. Stattdessen wandern diese Gaben sozusagen mal zu diesem, mal zu jenem. Jedenfalls wollen beide Phänomene der Botschaft von Jesus Christus und dem Heilwerden an der Gottesbeziehung den Weg bereiten.

Die Fähigkeit, **prophetische Aussagen zu machen** meint nach 14,3 weniger ein Prophezeien im Sinne von Voraussagen der Zukunft; es zielt vielmehr auf Glaubenswachstum, Trost, Ermutigung usw. in der Gegenwart.

Ähnlich war der Auftrag der Propheten des Alten Testaments umrissen: Sie hatten die Aufgabe, das verirrte Volk Israel zu seinem Gott zurückzurufen. Innerhalb dieses Umkehrrufs schauten sie auch in die Zukunft, mit der sie dann locken oder drohen konnten. Doch immer galt ihr vorrangiges Engagement dem Leben hier und heute.

Der neutestamentliche Prophetiebegriff ist ähnlich gefüllt: inspirierte Deutung des Gotteswillens für die Gegenwart aus der Heiligen Schrift heraus. Prophetisches Reden meint daher ein geisterfülltes Aussprechen dessen, was Herz und Gewissen trifft und Menschen in die Nähe Gottes führt. So kann prophetisches Reden Sünde aufdecken, damit Menschen Vergebung in Anspruch nehmen und ihr Leben an Gott ausrichten. Es kann Ungerechtigkeit beim Namen nennen, damit Gottes Gemeinde die Heiligkeit Gottes widerspiegelt. Es kann missionarisch zu Jesus Christus einladen, damit Gottes Gemeinde auch an Zahl wächst. Prophetie ermutigt, tröstet, legt den Finger auf die Wunden, ermahnt, redet seelsorgerlich usw. – je nachdem, was der Heilige Geist eingibt. All dieses geschieht, damit Christen aus ihrer Gottesbeziehung heraus Glauben und Leben gestalten. Es geht um Förderung, Reinigung, Stärkung des Gemeindelebens. Prophetie ist damit die aktualisierende Zuspitzung des Evangeliums – eben das, was eine gute Predigt ausmacht: Gegenwartsdeutung im Lichte des Evangeliums von Jesus Christus.

Diesem tritt eine notwendige Gabe zur Seite: **zu beurteilen, ob etwas vom Geist Gottes gewirkt ist oder nicht.** Da es neben dem Heiligen Geist noch andere Geister gibt – und damit falsche Propheten –, gilt es auseinanderzuhalten und zu beurteilen, welcher Geist gerade durch den Prediger spricht. Da der Verkündigung Autorität zugestanden wird, müssen Aussagen auf rechte und falsche Lehre geprüft werden, denn andere wollen und sollen sich an ihnen orientieren und gehorchen. Das „Prüfet aber alles und das Gute behaltet!" (1 Thes 5,19; L) gilt dabei allen Gemeindegliedern, doch als Verstärkung oder besondere Hilfe haben Einzelne ein besonderes Urteilsvermögen. Wiederum steht diese Gabe im Plural, um eventuell anzuzeigen, dass dies keine bleibende Fähigkeit ist, sondern eine Zuteilung, die immer wieder einem anderen geschenkt wird.

Als weitere Gabe werden **Sprachen, die von Gott eingegeben sind,** genannt. Ihr Charakter ist nach 1 Kor 14,2 der des Gebets: Sie sind an Gott gerichtete Worte. Die Bibel schildert diese Art von Gebetssprache nicht näher. Nach Apg 2 hörten Ausländer die Apostel in ihrer Muttersprache Gott loben. Andere jedoch hielten die, die so redeten, für betrunken (vgl. Apg 2,13). Paulus vermutet sogar, dass unkundige Besucher des Gottesdienstes zum Urteil kommen müssen, dass Sprachenredner verrückt sind (vgl. 1 Kor 14,23). Diese anderen Sprachen sind nicht ausschließlich reale Fremdsprachen aus weit entfernten Ländern. „Glossolalie" äußert sich auch als Sprachgeschehen in unverständlichen, rätselhaften Lauten, welche selbst der so Betende mit seinem Verstand nicht begreift. Seine Zunge ist gelöst – unkontrolliert durch den menschlichen Verstand, kontrolliert nur durch den Heiligen Geist. Deutlich ist, dass Zungenrede Gebetssprache ist, die die großen Taten Gottes lobt und nicht versteckte Botschaften an Gemeindeglieder enthält. Dieses Potenzial ist der prophetischen Rede vorbehalten, die an Menschen gerichtet ist (vgl. die Predigt des Petrus nach dem Zungengebet in Apg 2, durch die der Heilige Geist erst Umkehr bei den Menschen bewirkt).

Der Gabe der anderen Sprachen ist die Gabe des Dolmetschens zugeordnet, die dieses Gebet **in verständlichen Worten wiedergibt**. Weil das Zungengebet für alle – auch den Betenden – unverständlich bleibt, muss sie übersetzt werden, damit die Gemeinde etwas davon hat. Wenn jedoch der Geist niemanden dazu begabt, gebietet es nach Paulus die Demut gegenüber dem Geist, sie auch nicht öffentlich zu praktizieren (vgl. 1 Kor 14,27f).

Paulus listet alle Gaben ohne Gewichtung nebeneinander auf; andererseits stellt er die Gabe des Zungengebets und die Gabe seiner Auslegung bewusst als letzte hintenan, da das Zungengebet in Korinth überhöht wurde. In 1 Kor 14 nimmt er hingegen eine Prioritätensetzung vor, indem er beiden Gaben ihren Platz zuweist: Prophetisches Reden geschieht öffentlich im Gottesdienst, Zungengebet entweder als persönliches Gebet im stillen Kämmerlein (vgl. 14,4) oder aber auch öffentlich im Gottesdienst, dann aber nur mit anschließender Auslegung (vgl. 14,28f). Leitendes Kriterium ist für Paulus die Frage, was Gemeinde erbaut – vier Mal nennt er dieses Kriterium in diesem einen Kapitel (Verse 5, 12, 17, 26).

12,11. Das alles ist das Werk ein und desselben Geistes, und es ist seine freie Entscheidung, welche Gabe er jedem Einzelnen zuteilt. Zum Schluss betont Paulus noch einmal den **ein und denselben Geist** als Urheber aller unterschiedlichen Gaben. Wenn es um Gnadengaben geht, ist Gott mit seinem gnädigen Schenken im Blick. Das bewahrt davor, Geistesgaben eigensüchtig zu missbrauchen oder bestimmte Gaben unbedingt erzwingen zu wollen, auch wenn der Heilige Geist sie offensichtlich nicht schenkt.

Weil er derjenige ist, der einem jeden das Seine zukommen lässt, kann diese Gabenliste von anderen abweichen (vgl. die Liste in Röm 12,4-8). Paulus will mit dieser Auflistung keine Vollständigkeit erreichen, sondern Möglichkeiten Gottes aufzeigen. In der einen Gemeinde sind diese Gaben wichtig, in einer anderen jene. In dieser

Zeit sind diese Gaben wichtig, in einer anderen jene. Gottes Geist geht nicht nach Schema vor, sondern nach dem jeweiligen Willen Gottes. Zuteilungen stehen in seiner freien Verfügung. Wie er es **zuteilt**, sollen wir Empfangenes annehmen, ihm für das Geschenkte danken und andere im Miteinander der Gemeinde damit beschenken, damit wir gemeinsam Gott preisen (vgl. 1 Petr 4,10f). Diese verschiedenen Gabenlisten verdeutlichen, dass das ganze Leben der Gemeinde durch den Einsatz der Geistesgaben geprägt und gefördert werden soll.

Exkurs: Pfingstkirchen und charismatische Bewegungen

Die Pfingstbewegung nahm ihren Anfang zu Beginn des 20. Jahrhunderts in einer baptistischen Gemeinde in Los Angeles (USA). Über Norwegen kam sie nach Deutschland, wo sie in Kreisen der Gemeinschaftsbewegung und Heiligungsbewegung einen Boden vorbereitet fand. Nach heftigen Auseinandersetzungen erklärten die maßgeblichen Vertreter der Gemeinschaftsbewegung und der Evangelischen Allianz in der Berliner Erklärung vom 15.09.1909 die Pfingstbewegung als widergöttlich und bezichtigten sie der Irrlehre. In einer neuen Erklärung aus dem Jahr 2009 bekräftigten beide Verbände jedoch, dass die Berliner Erklärung „für das gegenwärtige Miteinander ... keine Bedeutung" hätte und dass man die „Zusammenarbeit künftig weiter... vertiefen" wolle.

Nach dem Zweiten Weltkrieg erlebte die Pfingstbewegung einen Aufschwung; insbesondere in Lateinamerika und Afrika gehört sie bis heute zu den am schnellsten wachsenden evangelischen Denominationen. In Deutschland wurden zahlreiche freikirchliche Gemeinden gegründet, die überwiegend zusammengeschlossen sind im „Bund Freikirchlicher Pfingstgemeinden".

In Pfingstkirchen bilden der Heilige Geist und seine übernatürlichen Wirkungen einen besonderen Schwerpunkt der Lehre. Die Glossolalie gilt meist als notwendiges Zeichen einer besonderen Ausrüstung mit dem Heiligen Geist. Zungenrede ist daher nicht eine unter vielen Gaben, sondern Zeichen für die Geistbegabung in der Geisttaufe. Über die Geisttaufe lehren Pfingstler, dass zusätzlich zur Neugeburt durch den Heiligen Geist, mit der das neue Leben als Christ beginnt, die Notwendigkeit besteht, mit dem Heiligen Geist getauft zu werden. Jeder Glaubende hat demnach zwar seit seinem Zum-Glauben-Kommen den Heiligen Geist, doch noch ist er nicht ganz erfüllt von ihm und kann daher auch nicht die Früchte des Geistes genießen. Voraussetzung zur Geisttaufe ist der Glaube und ein Verlangen nach der Geisttaufe. Das Sprachengebet wird als Initialzeichen, als äußeres Merkmal der Geisttaufe angesehen.

Seit den 60er-Jahren konnte die Pfingstbewegung (wiederum in den USA angestoßen durch die Jesus-People-Bewegung) in Form der charismatischen Bewegung mit ihren Anliegen auch in den evangelischen Kirchen, in Freikirchen sowie in der katholischen Kirche Raum gewinnen. Meist waren es Pfarrer, die zusammen mit Gemeindegliedern ihre Kirche in einer Krise sahen und das Bedürfnis nach geistlicher Erneuerung verspürten. Bewusst wollten sie in ihrer Kirche bleiben und sie erneuern, auffrischen und das in Erinnerung rufen, was biblisch gesehen schon mal vorhanden gewesen war. Nachdem man sich von einigen pfingstlerischen Lehren und Praktiken distanziert hatte (wie z.B. die Geisttaufe als alleiniges Merkmal des Geistempfangs, die starke Gewichtung von Heilungswundern usw.), gewann die charismatische Bewegung in Deutschland unter dem Namen „Geistliche Gemeindeerneuerung" an Einfluss und wird vielerorts als spiritueller Aufbruch innerhalb der Gemeinde und auch bei Kirchenfernen erlebt. Ihre Vision war und ist es bis heute, den Heiligen Geist als Kraft Gottes in Form von Glossolalie, Heilung, Befreiung, Prophetie usw. sowohl öffentlich im Gemeindeleben als auch im privaten Vollzug zu erleben, um so mit und für Gott zu leben.

6 Der Heilige Geist als Gebetsunterstützer

Römer 8,23-30

EINSTIEG

(15–20 Minuten). Wählen Sie bitte eine oder zwei Fragen aus.

1. Sicher haben Sie schon Situationen erlebt, in denen Sie sprachlos waren. Was war es, das Sie sprachlos gemacht hat? Welche Gefühle kamen dabei in Ihnen auf?

2. Haben Sie konkrete Menschen vor Augen, die gerade Not erleben? Wenn Sie selbst im Moment betroffen sind, wollen Sie Ihrer Gruppe von Ihrer Not erzählen?

3. Fallen Ihnen Personen aus der Bibel ein, die viel Schweres erleben mussten? Was könnte ihnen in ihrer Situation geholfen haben?

4. Wie gehen Sie damit um, wenn Gott Ihr Gebet scheinbar nicht erhören will?

5. Jeder, der leidet, wünscht sich, dass die Not ein Ende hat. Doch so leicht ist das meistens nicht. Wenn Sie schwere Zeiten erleben, was würden Sie sich von anderen wünschen?

BIBELTEXT

Die Hoffnung stirbt zuletzt

23 Und sogar wir, denen Gott doch bereits seinen Geist gegeben hat, den ersten Teil des künftigen Erbes, sogar wir seufzen innerlich noch, weil die volle
Verwirklichung dessen noch aussteht, wozu wir als Gottes Söhne und Töchter
bestimmt sind: Wir warten darauf, dass auch unser Körper erlöst wird. 24 Unsere Errettung schließt ja diese Hoffnung mit ein. Nun ist aber eine Hoffnung,
die sich bereits erfüllt hat, keine Hoffnung mehr. Denn warum sollte man auf
etwas hoffen, was man schon verwirklicht sieht? 25 Da wir also das, worauf wir
hoffen, noch nicht sehen, warten wir unbeirrbar, bis es sich erfüllt.

26 Und auch der Geist Gottes tritt mit Flehen und Seufzen für uns ein; er
bringt das zum Ausdruck, was wir mit unseren Worten nicht sagen können.
Auf diese Weise kommt er uns in unserer Schwachheit zu Hilfe, weil wir ja
gar nicht wissen, wie wir beten sollen, um richtig zu beten. 27 Und Gott, der
alles durchforscht, was im Herzen des Menschen vorgeht, weiß, was der
Geist mit seinem Flehen und Seufzen sagen will; denn der Geist tritt für die,
die zu Gott gehören, so ein, wie es vor Gott richtig ist.

28 Eines aber wissen wir: Alles trägt zum Besten derer bei, die Gott lieben; sie sind ja in Übereinstimmung mit seinem Plan berufen. 29 Schon vor
aller Zeit hat Gott die Entscheidung getroffen, dass sie ihm gehören sollen.
Darum hat er auch von Anfang an vorgesehen, dass ihr ganzes Wesen so umgestaltet wird, dass sie seinem Sohn gleich sind. Er ist das Bild, dem sie ähnlich werden sollen, denn er soll der Erstgeborene unter vielen Brüdern sein.
30 Und weil Gott sie für dieses Ziel bestimmt hat, hat er sie auch berufen. Und
weil er sie berufen hat, hat er sie auch für gerecht erklärt. Und weil er sie für
gerecht erklärt hat, hat er ihnen auch Anteil an seiner Herrlichkeit gegeben.

BIBELGESPRÄCH

(30–40 Minuten). Wählen Sie ggf. unter den Fragen aus.

1. Welche Erfahrungen haben Sie mit dem Gebet? Haben Sie dabei wahrnehmen können, wie der Heilige Geist Sie im Gebet unterstützt?
2. Wenn der Heilige Geist unser Gebetsdolmetscher ist, welche Auswirkung hat das auf Ihr Gebet?
3. Was können Sie Menschen sagen, die großes Leid getroffen hat? Wie wollen Sie ihnen begegnen?
4. Haben Sie schon erlebt, wie Leidvolles sich zu Ihrem Besten ausgewirkt hat? Wie hat sich dadurch Ihre Beziehung zu Gott verändert? Welche Auswirkung hat das auf Ihr Gebet?
5. Gottes Geist möchte Sie mehr und mehr in das Bild Jesu verwandeln. Was hat sich schon getan? In welchem Bereich Ihres Lebens wünschen Sie sich mehr Ähnlichkeit?

AUSTAUSCH

(15–30 Minuten) Wählen Sie ggf. unter den Fragen aus. Sie können das Gespräch mit einem gemeinsamen Gebet abschließen.

1. Auf wen in Ihrer Umgebung könnten Sie zugehen und ihm anbieten, für ihn zu beten?

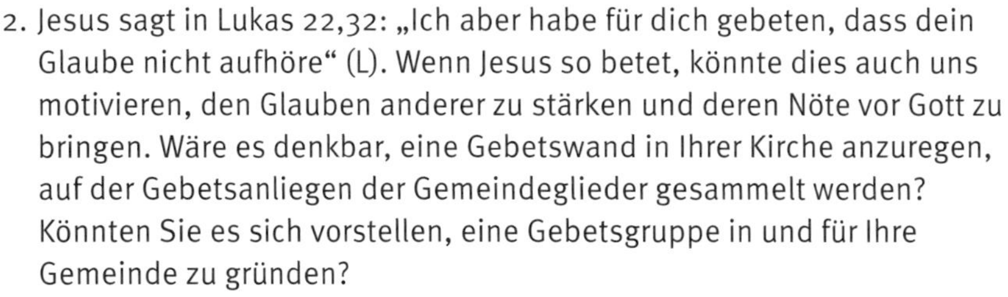

2. Jesus sagt in Lukas 22,32: „Ich aber habe für dich gebeten, dass dein Glaube nicht aufhöre“ (L). Wenn Jesus so betet, könnte dies auch uns motivieren, den Glauben anderer zu stärken und deren Nöte vor Gott zu bringen. Wäre es denkbar, eine Gebetswand in Ihrer Kirche anzuregen, auf der Gebetsanliegen der Gemeindeglieder gesammelt werden? Könnten Sie es sich vorstellen, eine Gebetsgruppe in und für Ihre Gemeinde zu gründen?

3. Es gab noch nie so viele und so schwere Christenverfolgungen wie heute. Als Christen sind wir eine weltweite Solidargemeinschaft. Was könnten Sie für verfolgte Christen tun, die aufgrund ihres Glaubens an Jesus Not erleiden müssen? (Vielleicht hilft ein Blick ins Internet unter: www.opendoors.de)

4. Wenn Sie selbst krank sind, wären Sie bereit, andere Christen aus Ihrer Gemeinde zu sich zu bitten, damit sie für Sie beten, wie es Jakobus 5,13ff beschreibt?

5. Wollen Sie in Ihrer Gruppe Gebetsanliegen austauschen und gemeinsam vor Gott treten in Anbetung und Dank, Klage und Fürbitte?

ERLÄUTERUNGEN

Zusammenhang des Textes: Das 8. Kapitel des Römerbriefes ist umrahmt von Aussagen beeindruckender Glaubensgewissheit. „Müssen wir denn nun noch damit rechnen, verurteilt zu werden? Nein, für die, die mit Jesus Christus verbunden sind, gibt es keine Verurteilung mehr" (8,1) „Ja, ich bin überzeugt, dass weder Tod noch Leben, weder Engel noch unsichtbare Mächte, weder Gegenwärtiges noch Zukünftiges, noch gottfeindliche Kräfte, weder Hohes noch Tiefes, noch sonst irgendetwas in der ganzen Schöpfung uns je von der Liebe Gottes trennen kann, die uns geschenkt ist in Jesus Christus, unserem Herrn" (8,38f). Wie kommt Paulus zu einer solch tiefen Gewissheit? Er beantwortet diese Frage in Röm 8,2: Weil für Christen nicht mehr die Gleichung Sünder = Todeskandidat gilt, sondern weil der Geist Gottes durch den Glauben an Jesus Christus Leben bringt.

Dazwischen macht Paulus steile Aussagen über den Heiligen Geist wie: Der Heilige Geist macht uns zu Söhnen und Töchtern Gottes (8,14). Daraus folgt, dass wir den an sich unnahbaren, weil allmächtigen Gott mit der intimen Anrede Abba = Papa ansprechen dürfen (8,15). Und es folgt, dass der Heilige Geist uns zu Erben Gottes macht (8,17).

Aber noch ist die Zeit des Erbens nicht gekommen. Noch leben wir Kinder Gottes hier auf Erden. Und oft genug ist unser irdisches Leben von Not und Leid geprägt (vgl. 8,18).

Wie können wir uns in aller Not dennoch von Gott geliebt wissen? Als Kinder Gottes und Erben dürfen wir auf die Unterstützung des Heiligen Geistes hoffen und ihn mitten in unserer Not erleben. Er hilft uns zu beten – gerade dann, wenn wir leiden und es uns die Sprache verschlägt. Die ganze Schöpfung ist von Leid geprägt und durchzogen – und sie wartet sehnsüchtig darauf, dass Gottes Herrlichkeit offenbar wird (8,19-22). Als Christen leiden wir doppelt am Elend der Welt: 1. an persönlichen Leiderfahrungen und 2. am grundsätzlichen Zwiespalt zwischen herrlicher Zukunftsaussicht und unherrlicher Gegenwartserfahrung. Es gilt: Zwischen Jesu Himmelfahrt und Jesu Wiederkunft ist Gottes Geist bei uns und vertritt uns als eine Art Gebetsdolmetscher vor Gott – gerade dann, wenn wir für das Leid der Welt keine Worte haben und ins Stammeln geraten.

8,23. Und sogar wir, denen Gott doch bereits seinen Geist gegeben hat, den ersten Teil des künftigen Erbes, sogar wir seufzen innerlich noch, weil die volle Verwirklichung dessen noch aus-

steht, wozu wir als Gottes Söhne und Töchter bestimmt sind: Wir warten darauf, dass auch unser Körper erlöst wird. Obwohl Christen Kinder Gottes sind, bleiben sie hineinverwoben in irdisch-leidvolle Zusammenhänge. Ein Christ seufzt umso mehr angesichts des Erdenleids. Denn er ist betroffen von Not und ist eingespannt in den natürlichen Prozess von Werden und Vergehen. Doch zugleich **warten** Christen auf die Erlösung und sehnen sich danach, endlich Gottes himmlisches Reich zu ererben.

Dann ist endlich alles gut. Wenn Gottes Zukunft anbricht, wird er alles wegnehmen, was jetzt schwer ist und Mühsal bedeutet. Dann wird **auch unser Körper erlöst,** alle Vergänglichkeit mitsamt allem Leid beendet. Darum sind Christen hin- und hergerissen zwischen Leben für Gott hier und heute – was die Aussicht in sich trägt, für Gott, für den Nächsten und für Gottes Schöpfung aktiv sein zu können – und der Sehnsucht nach dem Tod, dem die Vollendung im Himmel folgt (vgl. Phil 1,21-24). Paulus drückt das in Röm 14,8 so aus: „Wenn wir leben, leben wir für den Herrn, und auch wenn wir sterben, gehören wir dem Herrn. Im Leben wie im Sterben gehören wir dem Herrn."

Doch wie kommt es eigentlich, dass der Mensch – ob Christ oder nicht – Leid erfahren muss? Für diese Antwort müssen wir an den Beginn der Menschheitsgeschichte zurückgehen: Gott hatte Adam in seiner Großzügigkeit geboten, von allen Früchten des Paradieses zu essen, doch ein Baum war davon ausgenommen (vgl. 1 Mo 2,16f). Wenn er dennoch davon essen sollte, müsste er sterben. Adam tat es trotzdem – und starb! Was aber starb genau? Nicht sofort sein Körper, aber die Verbindung zu seinem Schöpfer. Seine eigentliche Lebensader war also gekappt. Getrennt von Gott war er nun geistlich tot – äußerlich sichtbar durch die Ausweisung aus dem Paradies (vgl. 1 Mo 3,23f).

Damit war der Mensch dem Gesetz des Todes unterworfen. Der Tod und seine leidvollen Vorboten bestimmten von nun an sein Dasein – von den Schmerzen bei der Geburt bis zum Sterbebett. Seitdem gilt in der Tierwelt die Macht des Stärkeren: „Fressen und gefressen werden"; und in der Menschenwelt fand eine Umkehrung des Schöpfungsauftrags statt: Anstelle von „Bebauen und Bewahren" aus 1 Mo 2,15 erleben wir Raubbau und Ausbeutung. Gewinn- und Nutzenmaximierung ist aus einer egoistischen Grundhaltung heraus heute oftmals die Lebensmaxime, nach der der Mensch handelt. Weil er dem Gesetz des Todes unterworfen ist, ist er auch dem Gesetz der Sünde verfallen – dem Sein ohne Gott folgt die Tat gegen Gott, gegen die Schöpfung und gegen den Mitmenschen. Seit damals fügt ein Mensch dem anderen Leid zu, und wir machen uns gegenseitig das Leben schwer. Das ist die Situation jedes Menschen (vgl. Röm 7,7ff); jeder muss sündigen, ob er will oder nicht. Darum wird alles Irdische Leid erfahren, weil es getrennt ist von Gott.

Doch Gott findet sich damit nicht ab. Er selbst greift ein und überbrückt diese Trennung durch sein Kreuz. Jesus Christus bringt neues Leben: Er macht aus todverfallenen Menschen durch seinen Geist Kinder Gottes, indem er sie wieder an die göttliche Lebensader anschließt (vgl. Eph 2,5). Christen sind zwar immer noch der körperlichen **Vergänglichkeit** unterworfen, doch ihre Verbindung zu Gott bleibt bestehen. Geistlich gesehen haben sie den Tod bereits hinter sich. Und weil der Heilige Geist in ihnen die Gesinnung Jesu entfaltet, können sie von sich selbst wegsehen, Rücksicht nehmen, das Glück des anderen anstreben, in Demut vom anderen höher denken als von sich selbst (vgl. Phil 2,3). Und sogar Feinde lieben (vgl. Mt 5,43ff)! Eine Umkehrung der Werte nimmt Raum in ihrem Leben, weshalb sie nun einander bestärken, anstatt sich gegenseitig das Leben zu beschweren.

8,24+25. Unsere Errettung schließt ja diese Hoffnung mit ein. Nun ist aber eine Hoffnung, die sich bereits erfüllt hat, keine Hoffnung mehr. Denn warum sollte man auf etwas hoffen, was man schon verwirklicht sieht? Da wir also das, worauf wir hoffen, noch nicht sehen, warten wir unbeirrbar, bis es sich erfüllt. Christen **hoffen**. Sie wissen, dass die Gegenwart nicht alles ist. Die ersten Christen fielen gerade durch ihre Hoffnung und ihre Vorfreude auf Gottes zukünftiges Reich auf, die in ihre Gegenwart ausstrahlte. Gerade weil wir **noch nicht sehen**, noch nicht haben, vertrauen wir, dass Gott sein Versprechen wahr macht und Zukunft für uns hat. Er hat versprochen: Jesus Christus wird wiederkommen und aus aller Weltnot und irdischen Verhängnissen erlösen. Christen leben **unbeirrbar** und voller **Hoffnung**, d. h. in gespannter Erwartung.

8,26. Und auch der Geist Gottes tritt mit Flehen und Seufzen für uns ein; er bringt das zum Ausdruck, was wir mit unseren Worten nicht sagen können. Auf diese Weise kommt er uns in unserer Schwachheit zu Hilfe, weil wir ja gar nicht wissen, wie wir beten sollen, um richtig zu beten. Oft wissen wir nicht, mit welchen Worten wir uns unserem Schöpfer nähern sollen. Wenn wir uns seine Größe vor Augen halten, bleibt uns manchmal nichts anderes als zu verstummen. Wir können nie so beten, dass es Gott entspricht und wir ihm als Allmächtigem gerecht werden. Das liegt auch in unserer Sündhaftigkeit begründet. Da ist es unglaublich tröstlich, dass der Heilige Geist unsere kleinen und vielleicht auch oft kleingläubigen Gebete, die Gott zu wenig Ehre machen, ergänzt, übersetzt, bereinigt.

Spannend ist es auch, wenn zu diesem Nichtwissen, wie wir beten sollen, ein Unverständnis gegenüber Gott oder gar eine Wut auf ihn hinzukommt, weil ich ihn als ungerecht empfinde. Gut, wenn mich das dann ins Gebet treibt, in die Klage. Denn in Psalm 50,15 (L) verspricht Gott: „Rufe mich an in der Not, so will ich dich erretten und du sollst mich preisen."

Vielleicht kennen Sie Erfahrungen wie diese: Neulich stand ich am Krankenbett einer recht alt gewordenen Demenzkranken, der ihre Krankheit sehr zu schaffen machte, und wusste nicht: Soll ich nun beten „Heile du sie, Herr!" oder: „Nimm sie doch endlich zu dir!"

Zum Glück kennt Gottes Geist uns und weiß, wie unser Herz es meint und wie das zu Gott passt. Er versteht, wenn unser Mund bebt und wir nur undeutlich stammeln – auch angesichts von Krankheit, Krieg, Terror, Hunger, Ungerechtigkeit. Und wenn uns selbst das „Dein Wille geschehe" aus dem Vaterunser nur schwer über die Lippen will, ist er da und dolmetscht. Er bereitet unsere Worte auf.

Zudem machen wir oft Worte und formulieren Gedanken im Gebet, die längst nicht all das aufgreifen, was nötig wäre zu beten. Der Heilige Geist ergänzt unser unvollkommenes, unvollständiges Gebet. Er bittet für Dinge, an die wir zu beten gar nicht gedacht haben. Vielleicht kennen Sie Aussagen wie: „Das war eine Gebetserhörung, ohne dass ich Gott darum gebeten habe." Wir dürfen zuversichtlich sein, dass da einer ist, der uns im Gebet vertritt und für uns betet.

So **kommt** der Heilige Geist **uns in unserer Schwachheit zu Hilfe.** Wie er uns andauernd im Leben hilft (vgl. die vorhergehenden Einheiten), so tut er es auch im Gebet. Er versteht unsere dürren Worte und versteht uns auch ganz ohne Worte. Er nimmt es und übersetzt unsere Verwirrung und unsere Zerrissenheit vor Gottes Thron. Er betet an unserer statt – mit Worten, die das ausdrücken, was menschliche Worte nicht sagen können.

Das heißt nun aber nicht, dass wir unser Beten einstellen sollten. Wir beten weiter. Dadurch entsteht eine Art Gebetsgemeinschaft zwischen mir und Gottes Geist. Gott wird dann unser Gebet erhören, wie es nach seiner Weisheit und seinem Plan gut für uns ist. Und wenn er nicht so erhört, wie ich es mir erhofft hatte, kann ich auch das in seine Hände legen.

Mir hilft ein Bild, wenn Gott mein Gebet scheinbar nicht erhört: Stellen Sie sich einen handgeknüpften Teppich vor – sehr wertvoll! Das ist Ihr Leben! Sie jedoch können den Teppich nur von der Rückseite betrachten, und was Sie da sehen, ist ein chaotisches Durcheinander von Knoten und Fäden. Gott aber sieht diesen Teppich bereits von der Vorderseite und erkennt ein grandioses, vollständiges Bild, bunt und filigran geknüpft. Er hat also den Überblick über mein Leben. Darum kann ich mich ihm getrost anvertrauen und schon jetzt darauf freuen, dass wir – wenn wir einst gemeinsam meinen Lebensteppich von vorne betrachten – gemeinsam jubeln werden. Dahin möchte ich kommen, dass ich vertrauen kann: Er weiß, welches meiner Gebete gut ist zu erhören und welches besser nicht. Darum soll Ziel aller meiner Bitten sein: „Dein Wille, Herr, geschehe, nicht meiner! Denn du weißt es besser als ich."

8,27. Und Gott, der alles durchforscht, was im Herzen des Menschen vorgeht, weiß, was der Geist mit seinem Flehen und Seufzen sagen will; denn der Geist tritt für die, die zu Gott gehören, so ein, wie es vor Gott richtig ist. Gott kennt uns und weiß um unsere Situation und um unser Herz. So war, so ist und so bleibt es der Wille Gottes, dass der Heilige Geist, der unsere Herzen bewohnt und ganz genau weiß, was uns bewegt, unsere inneren Regungen an die höchste Stelle vermittelt und **für die, die zu Gott gehören, so eintritt, wie es vor Gott richtig ist.** Der Vater und sein Geist sind so ein eingespieltes Team, dass es keine Missverständnisse gibt. Das innertrinitarische Gespräch zwischen Gott Vater, Gott Sohn und Gott Heiligem Geist kommt uns Menschen zugute.

8,28. Eines aber wissen wir: Alles trägt zum Besten derer bei, die Gott lieben; sie sind ja in Übereinstimmung mit seinem Plan berufen. Nun greift Paulus zu großen Worten, die nicht nur er, sondern jeder Christ kennen soll und denen er vertrauen kann: Wer auf Gottes zuvorkommende Liebe (vgl. Röm 5,6.8.10) mit Gegenliebe antwortet, der kann erwarten, dass Gott nichts zulässt, was ihm schadet. Alles dient ihm zum Guten, auch zum geistlichen Wachstum, zum Reifen im Vertrauen auf Gott. In der Bibel finden sich zahlreiche Persönlichkeiten, die das bestätigen – angefangen von Abraham, der seinen einzigen Sohn opfern soll (vgl. 1 Mo 22,1ff), über Hiob, dem Gott alles nimmt (vgl. Hi 1,21; 2,10; 42,11), bis hin zu Paulus, dem Gott auch auf mehrmaliges Bitten hin seinen „Pfahl im Fleisch" (vermutlich eine Krankheit) nicht nimmt (vgl. 2 Kor 12,7f). Diese Liste ließe sich bis in unsere heutige Zeit ergänzen. So unverständlich es auch klingen mag: Gott gebraucht Leid! Als Christen dürfen wir erleben, dass er gerade in Leiderfahrungen mit seiner Kraft ganz besonders nah ist (vgl. 2 Kor 12,9; Ps 23,4). Ein fast brutaler, aber dennoch sehr tröstlicher, hoffnungsvoller Satz lautet: „In der Dunkelkammer entstehen die schönsten Bilder."

Exkurs: Wozu gebraucht Gott das Leid?

Oftmals wird gesagt: „Frag nicht warum, sondern frag wozu!" Wozu gebraucht Gott Leid? Die Bibel macht hier nur sehr spärliche Angaben:

- Zum Ersten berichtet sie von Leid, das Gott als Strafe für Gottlosigkeit schickt (vgl. z. B. Jer 2,17.19; 5,19; 16,10-13). Dies nun aber eins zu eins als universalgültige Begründung anzunehmen und es gar leidenden Menschen an den Kopf zu werfen („Wie musst du gesündigt haben, dass du so krank bist!"), ist gefährlich, falsch und sollte tunlichst vermieden werden. Keiner kann ins Herz eines anderen sehen, geschweige denn dessen (un)bereinigtes Verhältnis zu Gott erkennen. Daher verbietet es sich, Leid so zu kommentieren.

- Zum Zweiten lässt die Bibel erkennen, dass Gott mit Leid erzieht (vgl. Hebr 12,5-11). Ich kann dabei lernen, Gott in allem zu vertrauen und dass bei ihm das vermeintlich Schlechte in meinem Leben zu etwas sehr Gutem werden kann – frei nach dem Motto: „Auch aus dem größten Mist kann Gott den besten Dünger machen."

- Zum Dritten kann Gott Leid und vor allem Krankheiten zulassen, damit seine Herrlichkeit offenbar werde, nämlich dadurch, dass Menschen geheilt werden und sie Gott deshalb verherrlichen und anbeten (vgl. Joh 9,2f; 11,4.45).

- Viertens lässt Gott Leid erfahren, damit wir Christen mit anderen Leidenden mitfühlen und sie trösten können (vgl. 2 Kor 1,4.6).

- Und fünftens werden Christen als Zeugen Jesu leiden müssen (vgl. Mt 5,11f.; Joh 15,18-21). Wenn er leiden musste, wird sein Schicksal unter Umständen auch unser Schicksal sein, die wir ihm nachfolgen – wie es viele Christen weltweit erfahren müssen.

Mit diesen wenigen Hinweisen lässt sich jedoch keine Seelsorge betreiben, sodass wir hergehen und damit Leid zu erklären versuchen könnten.

Das ist von vornherein zum Scheitern verurteilt, wie es bei den Freunden Hiobs zu sehen ist (vgl. Hi 42,7-9). Wir sind nicht Anwälte Gottes, die ihn und sein Tun zu verteidigen haben, sondern sollen uns gegenseitig beistehen, wenn uns Leid zugemutet wird und wir schwere Zeiten zu bestehen haben. Besser ist es, sich und anderen einzugestehen, dass wir nicht verstehen können, warum Gott dies und jenes geschehen lässt. Oft ist es am hilfreichsten, einfach für den anderen da zu sein, ihn zu unterstützen, mitzuweinen, mit ihm zu schweigen – entsprechend Paulus' Aufforderung (Röm 12,15; L): „Freut euch mit den Fröhlichen und weint mit den Weinenden." Der Sinn von Leiderfahrungen kann allenfalls im Rückblick erahnt werden. Doch oftmals bleibt Leid unerklärt und unerklärlich. Auf die Frage nach dem Warum des Leids kann allenfalls jeder Betroffene für sich selbst eine Antwort finden.

8,28. Und genau deshalb ist Paulus' Feststellung so wichtig: **Alles trägt zum Besten bei.** Alles dient zum Heil. Gott beruft Menschen zum Heil, d. h. in die Gemeinschaft mit ihm, in seine Gegenwart, damit er Zerbrochenes heil macht. Allerdings lässt sich nicht daraus folgern, dass Gott schon zu Lebzeiten alles gutmacht. Einem Happy-Clappy-Evangelium, das verspricht: „Glaube, und dir geht es gut!", stehen zu viele biblische Aussagen entgegen. Richtig ist: Gott beginnt schon jetzt, Dinge in mir heil zu machen, aber es ist kein umfassendes Heil-Sein zu Lebzeiten versprochen. Universal heil werde ich, wenn ich ihm gegenüberstehe und ihn in seiner Herrlichkeit schaue. Bis dahin werde ich aber immer wieder erfahren, dass Gott mir nicht mehr auferlegt, als ich tragen kann (vgl. 1 Kor 10,13). Und er wird meinen Blick immer wieder weglenken von dem, was ich gerade erleiden muss, weg von dem Gott, den ich gerade nicht verstehen kann, dessen Liebe ich nicht spüre – wohin? Hin zum Kreuz. Dorthin, wo er seine Liebe gezeigt hat wie nirgends sonst. Am Kreuz beweist Gott, dass er für mich sogar sein Liebstes herzugeben bereit war. Im Leid sollte mich diese Suchbewegung bestimmen: weg von dem in seiner Allmacht verborgenen Gott, den ich nicht verstehen kann, hin zu dem Gott, dessen Liebe sich am Kreuz offenbart. Wer in und trotz aller Not auf diesen liebenden Gott sieht – anders als der sinkende Petrus (vgl. Mt 14,30f) –, findet Halt und ist geborgen und bekommt sogar Grund zum Lob und zur Dankbarkeit. Darum gilt allen Leidtragenden dieser wunderbare Reim: „Klagen bringt Verzagen, Danken schützt vor Wanken, Loben zieht nach oben." Das ist verheißungsvolle Seelsorge, die wir einander gewähren sollen. Wir dürfen mitklagen, brauchen aber nicht bei der Klage stehen bleiben, sondern sollen dem anderen wieder den Blick öffnen zum Dank und zum Lob Gottes.

Gott verfolgt sein Rettungsziel, wenn er Menschen **in Übereinstimmung mit seinem Plan** erwählt und beruft. In Eph 1,4.5.11 spricht Paulus von unserer präexistenten Erwählung: Gott hat uns schon vor aller Zeit gesehen und bei sich haben wollen. Schon bevor wir existierten, hatte er beschlossen, uns mit seinem Heil zu beschenken, d. h. uns Jesu Rettungstat zukommen zu lassen. Er liebt voraussetzungslos. Auf diese Erwählung ist Gottes Geist das Siegel (Eph 1,13), denn er **beruft** zum Glauben, beschenkt mit Glauben aus lauter Gnade (Eph 2,8). Die Erwählung Gottes ist der Grund, dass ich glauben kann (vgl. Einheit 3).

8,29. Schon vor aller Zeit hat Gott die Entscheidung getroffen, dass sie ihm gehören sollen. Darum hat er auch von Anfang an vorgesehen, dass ihr ganzes Wesen so umgestaltet wird, dass sie seinem Sohn gleich sind. Er ist das Bild, dem sie ähnlich werden sollen, denn er soll der Erstgeborene unter vielen Brüdern sein. Diese Erwählung und Berufung äußert sich darin, dass wir dem Sohn ähnlich werden. Gottes Geist verwandelt uns in das Bild Jesu (vgl. 2 Kor 3,18). Es geht um unsere Gottebenbildlichkeit aus 1 Mo 1,27, die immer mehr in uns erkennbar werden will. Wer zur Familie Gottes gehört, hat Familienähnlichkeit. Dies schließt mitunter auch Leiderfahrungen ein, wie sie unser Bruder Jesus erleben musste. Familienzusammengehörigkeit heißt auch, dass das Schicksal des **Erstgeborenen unter vielen** alle weiteren ereilen kann.

Wenn er der Erstgeborene ist, bedeutet das einerseits, dass wir als seine Geschwister eine gewisse Gleichheit mit ihm haben; nichtsdestotrotz bleibt seine Überlegenheit an Würde. Das heißt: Wurde er nicht von Leid verschont, wird es auch uns so ergehen. Wurde er verspottet, ausgelacht und am Ende getötet, kann es auch uns so ergehen. Christen folgen ihrem Vorbild Christus – wenn es nötig ist, bis in den Tod. Das Gebet will dabei zur Erfahrung werden, dass der Heilige Geist uns in allem und trotz allem zu Gott zieht und uns in der Beziehung zu ihm erhält.

Diese Familienähnlichkeit kann von unserer Seite befördert werden – gerade auch in Notzeiten. Dass wir zur Familie Gottes gehören, dazu tragen wir nichts bei, wir werden adoptiert. Doch dass ich mich mit dieser Familie und insbesondere mit dem Familienoberhaupt identifiziere, dazu dient das Lesen in der Bibel, das Gelesene befolgen, Zeit mit Gott im Gebet verbringen und vieles mehr.

8,30. Und weil Gott sie für dieses Ziel bestimmt hat, hat er sie auch berufen. Und weil er sie berufen hat, hat er sie auch für gerecht erklärt. Und weil er sie für gerecht erklärt hat, hat er ihnen auch Anteil an seiner Herrlichkeit gegeben. Wer mithilfe des Heiligen Geistes sein Kreuz auf sich nimmt (vgl. Mk 8,34ff), erlebt Gemeinschaft mit Gott in dem Sinn, dass Gott ihn gerade auch in äußerster Not nicht allein lässt.

Gemeinschaft mit Gott ist Ziel des christlichen Glaubens. Doch die Geborgenheit aus dieser Gemeinschaft bleibt angefochten und umkämpft. Dazu möchte Gottes Geist uns führen, wenn wir leiden, dass wir sagen können: „Ich bin geborgen und getragen trotz größter Angst und erfahre Gottes Gegenwart und Hilfe.“ Ich soll und kann wissen, dass Gott mich, sein Kind, liebt. Auf keinen Fall sollte ich denken: „Ob er mich vielleicht leiden lässt oder gar bestraft, weil ich immer noch sündige?“ Wen Gott **für gerecht erklärt hat,** dem ist vergeben, der hat Anteil an Gottes Reich, der muss nicht noch etwas abbüßen, wofür schon ein anderer gebüßt hat. Weil Gott in Christus für alle Sünden gelitten hat, braucht dafür kein anderer mehr zu leiden. In Christus hat Gott gezeigt, dass er uns gern vergibt. Er warf unsere Sünde ins tiefste Meer (vgl. Mi 7,19). Und dort steht ein Schild aufgerichtet: „Fischen verboten!“ Wir dürfen ein Höchstmaß an Gewissheit haben, dass wir gerettet sind und **Anteil an seiner Herrlichkeit** haben – jetzt im Glauben, dann im Schauen.

7 Der Heilige Geist und unsere Auferstehung

1. Korinther 15,35-57

EINSTIEG

(15–20 Minuten). Wählen Sie bitte eine oder zwei Fragen aus.

1. Was geht Ihnen durch den Kopf, wenn Sie eine Todesanzeige lesen?
2. Welche Erfahrungen haben Sie mit dem Thema Tod und Sterben schon gemacht?
3. Was war für Betroffene, d. h. für Trauernde, für Angehörige, vielleicht für Sie selbst, ein Trost oder ein Lichtblick in einem Trauerfall? Was hat geholfen und gutgetan?
4. Haben Sie Angst vor dem Tod und vor dem Sterben?
5. Welche außerchristlichen Vorstellungen kennen Sie über ein „Nach dem Tod"?
6. Der christliche Glaube spricht von Auferstehung. Was stellen Sie sich konkret darunter vor?
7. Ist es für Sie „lebens"wichtig, ob Sie an ein Weiterleben nach dem Tod glauben? Wie beeinflusst das Ihre Gegenwart?

BIBELTEXT

Mein Ende ist sein Anfang

35 „Aber", wird mir jemand entgegenhalten, „wie soll die Auferstehung der
Toten denn vor sich gehen? Mit was für einem Körper werden sie aus ihren
Gräbern kommen?" 36 Wer so redet, weiß nicht, was er sagt! Wenn du Getreide aussäst, muss die Saat doch auch zuerst sterben, ehe neues Leben
daraus entsteht. 37 Und was du säst – Weizen oder sonst eine Getreideart –,
hat nicht das Aussehen der künftigen Pflanze; es sind Samenkörner und weiter nichts.

38 Aber wenn der Samen dann aufgeht und zur Pflanze wird, bekommt er
eine neue Gestalt – die Gestalt, die ihm von Gott bestimmt ist. Und aus jeder
Samenart lässt Gott eine andere Pflanze entstehen. 39 Bei den Lebewesen
ist es genauso: Der menschliche Körper ist anders als der von Tieren, der
Körper von Vögeln anders als der von Fischen. 40 Außerdem gibt es nicht nur

auf der Erde Körper; es gibt auch Körper am Himmel, und deren Schönheit ist
von ganz anderer Art als die der irdischen Körper. 41 Bei den Himmelskörpern
gibt es auch wieder Unterschiede: Das Leuchten der Sonne ist anders als das
Leuchten des Mondes, das Mondlicht ist anders als der Glanz der Sterne,
und selbst die Sterne unterscheiden sich in ihrer Leuchtkraft voneinander.

42 Entsprechend verhält es sich mit der Auferstehung der Toten. Der menschliche Körper ist wie ein Samenkorn, das in die Erde gelegt wird. Erst ist er vergänglich, aber wenn er dann auferweckt wird, ist er unvergänglich. 43 Erst ist
er unansehnlich, dann aber erfüllt von Gottes Herrlichkeit. Erst ist er schwach,
dann voller Kraft. 44 In die Erde gelegt wird ein irdischer Körper. Auferweckt
wird ein Körper, der durch Gottes Geist erneuert ist. Genauso, wie es einen irdischen Körper gibt, gibt es auch einen durch Gottes Geist erneuerten Körper.

45 Dasselbe zeigt ein Vergleich zwischen Adam und Christus. Unser jetziger
Körper entspricht dem, den Adam, der erste Mensch, bekam, als Gott ihn – wie
die Schrift sagt – zu einem „lebendigen Wesen“ machte. Unser künftiger Körper hingegen entspricht dem, den Christus, der letzte Adam, bei seiner Auferstehung bekam – Christus, der uns durch seinen Geist lebendig macht. 46 Aber
wohlgemerkt: Nicht die durch Gottes Geist erneuerte Ordnung ist zuerst da,
sondern die irdische Ordnung; die andere kommt erst danach. 47 Der erste
Adam war aus dem Staub der Erde gemacht; der zweite Adam hat seinen Ursprung im Himmel.

48 So, wie der irdische Adam beschaffen war, sind alle beschaffen, die zur
Erde gehören; und so, wie der himmlische Adam beschaffen ist, werden alle
beschaffen sein, die zum Himmel gehören. 49 Genauso, wie wir jetzt das Abbild des irdischen Adams sind, werden wir einmal das Abbild des himmlischen
Adams sein.

50 Eines müsst ihr wissen, Geschwister: Mit einem Körper aus Fleisch und
Blut können wir nicht an Gottes Reich teilhaben, dem Erbe, das er für uns bereithält. Das Vergängliche hat keinen Anteil an dem, was unvergänglich ist.
51 Ich sage euch jetzt ein Geheimnis: Wir werden nicht alle sterben, aber bei
uns allen wird es zu einer Verwandlung des Körpers kommen. 52 In einem einzigen Augenblick wird das geschehen, und zwar dann, wenn vom Himmel her
die Posaune zu hören ist, die das Ende der Zeit ankündigt. Sobald die Posaune
erklingt, werden die Toten auferweckt werden und einen unvergänglichen
Körper bekommen, und auch bei uns, die wir dann noch am Leben sind, wird
der Körper verwandelt werden. 53 Denn was jetzt vergänglich ist, ist dazu bestimmt, das Kleid der Unvergänglichkeit anzuziehen; was jetzt sterblich ist,
muss das Kleid der Unsterblichkeit anziehen. 54 Und wenn das geschieht –
wenn das Vergängliche mit Unvergänglichkeit bekleidet wird und das Sterbliche mit Unsterblichkeit –, dann geht die Aussage in Erfüllung, die in der Schrift
steht:

„Der Tod ist auf der ganzen Linie besiegt!“
55 „Tod, wo ist dein Sieg?
Tod, wo ist dein tödlicher Stachel?“

56 Der Stachel, der uns den Tod bringt, ist die Sünde, und dass die Sünde
solche Macht hat, liegt am Gesetz. 57 Gott aber sei Dank! Durch Jesus
Christus, unseren Herrn, schenkt er uns den Sieg!

BIBELGESPRÄCH

(30–40 Minuten). Wählen Sie ggf. unter den Fragen aus.

1. Welche Details der Auferstehung verrät Paulus?
2. Wie wird unser Auferstehungsleib aussehen?
3. Welche Aufgabe hat der Heilige Geist bei unserer Auferstehung?

AUSTAUSCH

(15–30 Minuten) Wählen Sie ggf. unter den Fragen aus. Sie können das Gespräch mit einem gemeinsamen Gebet abschließen.

1. Sind Sie sich sicher, dass Sie in Gottes Ewigkeit leben werden? Was könnte Ihnen helfen, gewisser zu werden?
2. Wie bereiten Sie sich auf die Wiederkunft Jesu vor? Was könnte Ihre Wartehaltung intensivieren? Können Sie in Ihrer Gruppe einander behilflich sein?
3. Was werden Sie Gott als Erstes fragen, wenn Sie vor ihm stehen?

ERLÄUTERUNGEN

Zusammenhang des Textes: Das Apostolische Glaubensbekenntnis enthält in seinem dritten Teil, der dem Heiligen Geist gewidmet ist, den Satz: „Ich glaube an … die Auferstehung der Toten und das ewige Leben." Damit endet es. Was aber hat der Heilige Geist mit unserer Auferstehungshoffnung zu tun?

Paulus kommt im 15. Kapitel seines ersten Briefes an die Gemeinde in Korinth darauf zu sprechen, wie es für uns Christen nach dem Tod weitergeht. Was erwartet uns? Nachdem er die Tatsache der Auferstehung Jesu Christi bestätigt, die historisch bestens bezeugt ist (15,1-11), fragt er weiter, was denn wäre, wenn Christus nicht auferstanden wäre (15,12-19). Er kommt zu dem Ergebnis: Unser ganzer christlicher Glaube würde in sich zusammenfallen, ihm würde der Boden entzogen, denn er basiert (samt Sündenvergebung und unserer eigenen Auferstehungshoffnung) auf diesem geschichtlichen Ereignis der Auferstehung Jesu. Wenn aber das Dass der Auferstehung Jesu felsenfest steht, hat diese Wahrheit auch weltumfassende Bedeutung, denn sie betrifft die gesamte Schöpfung und stellt sie auf eine neue Basis (15,20-28). Wie Jesus als Erster auferstand, werden ihm alle anderen in ihrer Auferstehung folgen. Die eigene Auferstehung ist Hoffnungsziel jedes Menschen, der an Christus glaubt.

Welche Konsequenz kann die Auferstehung Jesu schon heute für mich haben?, fragt Paulus weiter (15,29-34). Und antwortet: Ist Christus für mich gestorben, bin ich bereit, auch für ihn zu sterben (vgl. Joh 12,24-26; 15,13). Sich „für einen anderen taufen" (15,29) zu lassen, bedeutet in diesem Zusammenhang nicht, sich stellvertretend taufen zu lassen, sondern die Bereitschaft, für einen anderen den Märtyrertod zu erleiden, damit auch dieser möglichst zum Leben, d. h. zum Glauben an Christus findet (vgl. Mk 19,38; Lk 12,50).

Nach diesem Abriss der Tatsache der Auferstehung Jesu und ihrer Bedeutung für die gesamte Schöpfung und für das Leben als Christ kommt Paulus in 15,35-57 auf das Wie der Auferstehung zu sprechen, die die Christen durch den Heiligen Geist erwartet.

15,35-41. „Aber", wird mir jemand entgegenhalten, „wie soll die Auferstehung der Toten denn vor sich gehen? Mit was für einem Körper werden sie aus ihren Gräbern kommen?" Wer so redet, weiß nicht, was er sagt! Wenn du Getreide aussäst, muss die Saat doch auch zuerst sterben, ehe neues Leben daraus entsteht. Und was du säst – Weizen oder sonst eine Getreideart –, hat nicht das Aussehen der künftigen Pflanze; es sind Samenkörner und weiter nichts. Aber wenn der Samen dann aufgeht und zur Pflanze wird, bekommt er eine neue Gestalt – die Gestalt, die ihm von Gott bestimmt ist. Und aus jeder Samenart lässt Gott eine andere Pflanze entstehen. Bei den Lebewesen ist es genauso. ... Wie werden wir nach unserer Auferstehung aussehen? Das ist die Frage der Korinther. Paulus zieht nun eine Menge Vergleiche, um dieses Wie zu verdeutlichen. Dabei ist auffällig, dass auch er unkonkret bleibt und nicht eindeutig sagt: „So und so ist es!" Aber er erinnert die Korinther an ihre eigenen Erfahrungen aus der Landwirtschaft mit Vergehen und Neuwerden.

Er zieht den Vergleich zu **Samenkörnern**, die in die Erde gelegt werden und dann sterben, um wieder zu neuem Leben zu erwachen. Das, was gesät wurde, sieht nachher vollkommen anders aus, es ist verwandelt. Alle Dinge haben zu Lebzeiten ein **unterschiedliches Aussehen** und auch unterschiedliche Existenzweisen. Max Mustermann z. B. hat verschiedene Haustiere. Er selber unterscheidet sich von seiner Katze, sein Wellensittich von seinem Goldfisch. Und geht sein Blick über das Irdische hinaus, stellt er fest, dass die Unterschiede noch viel größer werden: Sogar der Himmel bietet eine atemberaubende Vielfalt. Wenn ihn schon der Reichtum der Artenvielfalt auf der Erde beeindruckt, kommt er beim Anblick eines klaren Nachthimmels aus dem Staunen nicht mehr heraus. Denn er wird feststellen, dass selbst dort der Schöpfer mit unzähligen Variationen aufwartet: Nicht einmal die Gestirne gleichen sich. Sonne, Mond und Sterne haben unterschiedlichen Glanz. Und selbst kein Stern gleicht dem anderen.

15,42-45. Entsprechend verhält es sich mit der Auferstehung der Toten. Der menschliche Körper ist wie ein Samenkorn, das in die Erde gelegt wird. Erst ist er vergänglich, aber wenn er dann auferweckt wird, ist er unvergänglich. Erst ist er unansehnlich, dann aber erfüllt von Gottes Herrlichkeit. Erst ist er schwach, dann voller Kraft. In die Erde gelegt wird ein irdischer Körper. Auferweckt wird ein Körper, der durch Gottes Geist erneuert ist. Genauso, wie es einen irdischen Körper gibt, gibt es auch einen durch Gottes Geist erneuerten Körper. Dasselbe zeigt ein Vergleich zwischen Adam und Christus. Unser jetziger Körper entspricht dem, den Adam, der erste Mensch, bekam, als Gott ihn – wie die Schrift sagt – zu einem „lebendigen Wesen" machte. Unser künftiger Körper hingegen entspricht dem, den Christus, der letzte Adam, bei seiner Auferstehung bekam – Christus, der uns durch seinen Geist lebendig macht. Diese innerweltliche Vielfalt der Geschöpfe zählt Paulus auf, um eine Ahnung zu vermitteln, dass die Unterschiede – wenn sie schon jetzt so groß sind – bei der Auferstehung noch viel größer sein werden. Wenn schon vor ihr alles Aussehen so wunderbar variiert, wird es nach ihr erst recht so sein.

Ein **Samenkorn** wird in die Erde ausgesät. Entsprechend wird der tote Körper eines Menschen in ein Grab gelegt. Wenn nun für das Samenkorn der Frühling kommt bzw. für den verstorbenen Menschen die Zeit der Auferstehung, wird der

Erdboden ihn nicht behalten können, sondern wird ihn hergeben müssen. Aber er wird nicht so auferstehen, wie er in ihn hineingelegt wurde: Er wird verwandelt sein. Zuvor war dieser Mensch nach menschlichem Ermessen vielleicht „unansehnlich". Doch mit seiner Auferstehung wird er vollkommen gut aussehen, denn jetzt gilt nicht mehr, was wir Menschen einander für Attribute zuweisen, sondern allein Gottes Maßstab. Zuvor war der Mensch vielleicht schwach, weil körperlich krank oder psychisch niedergeschlagen. Mit seiner Auferstehung wird er stark sein, denn Gott greift ein und verwandelt (Offb 21,4): „Er wird alle ihre Tränen abwischen. Es wird keinen Tod mehr geben, kein Leid und keine Schmerzen, und es werden keine Angstschreie mehr zu hören sein. Denn was früher war, ist vergangen." **Gottes Herrlichkeit** und **Kraft** werden den Auferstandenen auszeichnen. Begraben wird ein irdischer Körper, der von Irdischem gekennzeichnet ist. Auferstehen wird ein **Körper, der durch Gottes Geist erneuert ist,** den Göttliches kennzeichnet, der in nie gekannter Weise erstrahlt und lebt. Der Unterschied zwischen vorher und nachher könnte nicht größer sein.

Diese Neuschöpfung geschieht **durch Gottes Geist** – der bereits bei der ersten Schöpfung (vgl. Einheit 2) mitgewirkt hat. Er erweckt Totes zu neuem Leben. Der neue Leib wird vom Heiligen Geist makellos gestaltet sein und von ihm regiert werden.

Als Gott im Begriff stand, den Menschen zu erschaffen, sagte er (1 Mo 1,26): „Jetzt wollen wir den Menschen machen, unser Ebenbild, das uns ähnlich ist." Dies tat er. Doch durch den Sündenfall (vgl. 1 Mo 3) wurde dieses Bild getrübt. Infolge der Trennung von Gott und Mensch war es nun nur noch verzerrt zu erahnen. Doch Gott sandte seinen Sohn mit dem Ziel, dieses Bild wieder mehr und mehr an Klarheit gewinnen zu lassen. Das beginnt mit dem Zum-Glauben-Kommen an Jesus, ist ein bleibender Prozess im Christsein und erfährt seine Vollendung bei der Auferstehung. Dann erstrahlt der Mensch ganz und gar wieder in dem Bild, wie Gott ihn sich ausgedacht hatte.

15,46-49. **Aber wohlgemerkt: Nicht die durch Gottes Geist erneuerte Ordnung ist zuerst da, sondern die irdische Ordnung; die andere kommt erst danach. ... So, wie der irdische Adam beschaffen war, sind alle beschaffen, die zur Erde gehören; und so, wie der himmlische Adam beschaffen ist, werden alle beschaffen sein, die zum Himmel gehören. ...** Nachdem Adam und Eva vom Baum der Erkenntnis des Guten und Bösen gegessen hatten, verbannte Gott sie aus dem Paradies, denn sie sollten nicht auch noch vom Baum des Lebens essen und dadurch ewig leben (vgl. 1 Mo 3,22). Doch durch Jesus Christus steht das Tor zum Paradies wieder offen: Wer an ihn glaubt – im Bild gesprochen: wer von Christus isst (vgl. Joh 6,47-58) –, wird ewig leben. Vgl. Aussagen wie in Joh 11,25: „Ich bin die Auferstehung und das Leben. Wer an mich glaubt, wird leben, auch wenn er stirbt." So auch 1 Joh 5,11: „Und was bedeutet diese Aussage Gottes für uns? Sie bedeutet, dass Gott uns das ewige Leben gegeben hat; denn dieses Leben bekommen wir durch seinen Sohn." Joh 3,16 (NL): „Denn Gott hat die Welt so sehr geliebt, dass er seinen einzigen Sohn hingab, damit jeder, der an ihn glaubt, nicht verloren geht, sondern das ewige Leben hat."

Der Glaube an Jesus Christus ist das Eingangstor ins Paradies. Durch ihn ist das Ziel wieder greifbar, das Gott seit Ewigkeiten mit seinen Menschen im Sinn hatte: innigste Gemeinschaft, d. h. mit seinen Menschen ganz vertraut zusammen zu sein. Diese Gemeinschaft beginnt schon im Glauben hier und jetzt und wird vollendet mit unserer Auferstehung, durch die wir eintreten in sein Reich und bei ihm und mit ihm leben. Dann werden wir Gott sehen (vgl. 2 Kor 5,7).

Ewiges Leben ist somit nicht nur etwas, das aussteht. Schon heute strahlt von dieser zukünftigen Herrlichkeit etwas in unsere gegenwärtige Wirklichkeit hinein. Der Heilige Geist lässt uns eine Art Abglanz dieser paradiesischen Herrlichkeit erleben (s. die vorherigen Kapitel). Dennoch gilt: Das Beste kommt noch! Ewiges Leben bezieht sich somit weniger auf einen zeitlichen Abschnitt, sondern ist ein Qualitätsmerkmal. Ewiges Leben umschreibt die unverbrüchliche

Beziehung zwischen Gott und Mensch. Diese beginnt gegenwärtig im Glauben an Jesus und verlängert sich über den Tod hinaus in zukünftiger enger Gemeinschaft mit Gott.

Der erste Adam – und mit ihm alle Menschen nach ihm – **war aus dem Staub der Erde gemacht** (vgl. 1 Mo 2,7) und damit vergänglich. Dann aber kam Jesus – in irdischer Gestalt – und starb. Doch er wurde auferweckt mit einer überirdischen Natur. Genau diese überirdische, **himmlische** Natur wird auch unser zukünftiger Körper haben – und damit unvergänglich sein, weil der himmlische Gott unvergänglich ist.

Alle Nachfolgenden bekommen einen solchen neuen Auferstehungsleib geschenkt (vgl. Phil 3,21; 1 Joh 3,2). Ein geistlicher Leib wird es sein, voll Heiligen Geistes. Ein Leib, der makellos vor Gott steht, indem er Gottes Wesen voller Glanz widerspiegelt. Ein Leib, der, von Gottes Geist belebt, den Schöpfer allein ehrt. Wenn wir ganz vom Heiligen Geist erfüllt sein werden, wird alles an uns anbeten. Doch über das konkrete Aussehen dieses zukünftigen Leibes bleibt auch Paulus vage. Annäherungen sind möglich: Wenn Jesus mit seinem neuen Auferstehungsleib nach den Evangelien erkennbar ist (vgl. Lk 24,36-43; Joh 20,24-29) an seinen Wundmalen, diese befühlt werden konnten, er vor seinen Jüngern isst und trinkt, er plötzlich bei ihnen ist, dann wieder verschwunden, legt das folgende Spur: Dieser Auferstehungsleib wird einerseits nicht an irdische Gegebenheiten gebunden sein, andererseits nicht völlig losgelöst von ihnen. Zudem werden in Gottes neuer Welt Zeit, Raum und Dimensionen, wie wir sie auf der Erde kennen, aufgehoben sein. Ob wir Menschen also als Auferstandene einander wiedererkennen, ist denkbar, bleibt aber Spekulation. Die Frage ist, ob dies dann noch wichtig sein wird.

Für die Korinther war eine *körperliche Auferstehung* grundsätzlich ein neuer, ja geradezu ein revolutionärer Gedanke. Sie waren geschult in griechischer Philosophie, die überwiegend lehrte, dass allein die Seele nach dem Tod weiterlebe. Der Körper wurde verächtlich angesehen als ein lästiges Gefängnis, aus dem der Tod endlich befreit. Losgelöst von diesem irdischen Körper, der Krankheit, Schmerz und Leid mit sich bringt, kommt der Kern des menschlichen Wesens, seine Seele, zu ihrer freien Entfaltung. Daher war der Tod für die Menschen damals weniger negativ behaftet, sondern oftmals willkommen. Doch Paulus hält fest: Das „sehr gut" des Schöpfers über seine Schöpfung (vgl. 1 Mo 1,31) zieht sich durch bis in Ewigkeit. Auch zukünftig wird es keine Nicht-Leiblichkeit geben, sondern lediglich eine verwandelte Leiblichkeit.

15,50-53. Eines müsst ihr wissen, Geschwister: Mit einem Körper aus Fleisch und Blut können wir nicht an Gottes Reich teilhaben, dem Erbe, das er für uns bereithält. Das Vergängliche hat keinen Anteil an dem, was unvergänglich ist. Ich sage euch jetzt ein Geheimnis: Wir werden nicht alle sterben, aber bei uns allen wird es zu einer Verwandlung des Körpers kommen. In einem einzigen Augenblick wird das geschehen, und zwar dann, wenn vom Himmel her die Posaune zu hören ist, die das Ende der Zeit ankündigt. Sobald die Posaune erklingt, werden die Toten auferweckt werden und einen unvergänglichen Körper bekommen, und auch bei uns, die wir dann noch am Leben sind, wird der Körper verwandelt werden. Denn was jetzt vergänglich ist, ist dazu bestimmt, das Kleid der Unvergänglichkeit anzuziehen; was jetzt sterblich ist, muss das Kleid der Unsterblichkeit anziehen. Paulus fasst zusammen: In Gottes Reich wird es nicht so weitergehen wie auf Erden. Nur Unvergängliches, Ewiges, nicht **Fleisch und Blut** wird dort anzutreffen sein. Eine ewige Fortsetzung des irdischen Daseins oder eine bloße Wiederbelebung der irdischen Körper ist ausgeschlossen. Gal 6,8 (L): „Wer auf sein Fleisch sät, der wird von dem Fleisch das Verderben ernten; wer aber auf den Geist Gottes sät, der wird von dem Geist das ewige Leben ernten."

Paulus geht nun noch einen Schritt weiter. Er gibt **ein Geheimnis** preis. Woher er diese Offenbarung hat, benennt er nicht. Das Geheimnis erstreckt sich auf zwei Fragen. Erstens: Was ist mit den noch Lebenden, werden auch sie verwandelt? Und zweitens: Wann wird diese Verwandlung sein? Diese Fragen drängen sich auf.

Bisher hatte Paulus von der Auferstehung der Verstorbenen gesprochen. Doch wenn Jesus Christus wiederkommt, werden nicht alle Menschen gestorben sein, sondern etliche noch leben. Doch auch sie werden verwandelt werden und den gleichen geistgewirkten Auferstehungsleib bekommen. Egal also, ob bereits verstorben oder noch lebend: Alle werden diesen neuen Auferstehungsleib erhalten, da nichts Irdisches bzw. nichts **Vergängliches** zum himmlischen bzw. ewigen Gott und in sein Reich passt. Alles Irdische **ist dazu bestimmt**.

Klar ist für Paulus: Diese Verwandlung wird kein allmählicher Prozess sein, sondern **in einem einzigen Augenblick** wird das geschehen. Macht der Heilige Geist unseren Charakter und unsere Art allmählich und immer mehr Christus-ähnlich (vgl. 2 Kor 3,18), so wird unsere körperliche – und damit zusammenhängend unsere geistliche – Verwandlung in einem Augenblick vollendet sein.

Doch wann dies genau sein wird, kann auch Paulus nicht sagen. Denn nicht einmal Jesus weiß den Zeitpunkt, nur der allmächtige und allwissende Vater (vgl. Mk 13,32). Paulus weiß nur so viel: Wenn der Ton der himmlischen **Posaune** erschallt, wird es keinen Ort geben, an dem er nicht zu hören sein wird – ob im Himmel, auf der Erde oder unter der Erde. Dann ist die Zeit der Verwandlung gekommen. Aus Irdischem wird Himmlisches, aus Fleischlichem wird Geistliches. Die Frage nach dem Zeitpunkt soll uns daher kein Kopfzerbrechen bereiten und uns ins Spekulieren bringen, wir sollen vielmehr voller Vorfreude sein. Jesus möchte uns bereit und voller Erwartung antreffen (vgl. z. B. Mt 25,1-13).

Was Paulus seinen Korinthern hier kurz andeutet, hat er in seinem ersten Brief an die Gemeinde in Thessaloniki breiter ausgeführt (vgl. 1 Thess 4,13-18). Dort beschreibt er, dass weder Tote noch Lebende einen Vorteil haben werden, wenn die Posaune erschallt und Jesus wiederkommt. War dort jedoch die Fragestellung eine seelsorgerliche, was mit den bereits Verstorbenen geschieht, so konzentriert sich Paulus im Korintherbrief auf die Frage, wie es bei Gott in seinem Reich sein wird; dies jedoch nur andeutend und ansatzweise. Auch die Offenbarung des Johannes umschreibt dieses Zukünftige in zahlreichen Bildern. Das Bild der Wiederkunft Jesu zeigt Gottes Sohn als Reiter auf einem weißen Pferd (Offb 19,11-16), der gerecht richtet.

15,54-57. Und wenn das geschieht – wenn das Vergängliche mit Unvergänglichkeit bekleidet wird und das Sterbliche mit Unsterblichkeit –, dann geht die Aussage in Erfüllung, die in der Schrift steht: „Der Tod ist auf der ganzen Linie besiegt!" „Tod, wo ist dein Sieg? Tod, wo ist dein tödlicher Stachel?" Der Stachel, der uns den Tod bringt, ist die Sünde, und dass die Sünde solche Macht hat, liegt am Gesetz. Gott aber sei Dank! Durch Jesus Christus, unseren Herrn, schenkt er uns den Sieg! Wenn diese Verwandlung der Menschen in Auferstandene geschehen sein wird, dann werden sich auch die Aussagen erfüllt haben, die bereits Propheten des Alten Testaments über den Tod geweissagt hatten. Zu denken ist dabei an Jes 25,8 und Hos 13,14: Der Tod ist nicht das Letzte (vgl. 1 Kor 15,26). Das darf uns ermutigen, unseren Blick immer wieder über Friedhof, Grab und Sarg hinausgehen zu lassen, denn **der Tod ist auf der ganzen Linie besiegt**. Jesus als Leben in Person, als schöpferische Lebenskraft, wird also den Tod endgültig besiegen. Wann? Wenn Jesus wiederkommt. Noch ist der Tod äußerst aktiv und tyrannisiert bis heute jeden tagtäglich. Dann aber wird dem Tod alle Macht genommen werden. Und dann wird selbst das Totenreich auf Jesu Befehl hin die Verstorbenen herausgeben müssen.

Doch schon jetzt brauchen wir den Tod nicht mehr fürchten. Er bleibt nichts Endgültiges. **Tod, wo ist dein Sieg?** Jesus hat den Sieg errungen, ihn aber noch nicht öffentlich gefeiert und proklamiert. Aber sein Sieg steht fest. Darum gilt: Bisher hatte der Tod eine Art Stock mit **tödlichem Stachel** in der Hand, wie er zum Antreiben von Vieh und auch von Sklaven verwendet wurde (vgl. das Gemälde von Lucas Cranach, „Gesetz und Evangelium"). Damit malträtiert er uns, macht uns das Leben schwer und mitunter unerträglich, flößt uns Angst ein, ist allgegenwärtig. Doch Jesus hat ihm diesen Stachelstock mit seiner Auferstehung entwunden, sodass der Tod nun hilflos vor Jesus steht. Stellen wir uns hinter Jesus, können wir dem Tod ins Gesicht lachen (wie es nach einem alten Brauch die Gläubigen der orthodoxen Kirche an Ostern tun), weil wir wissen: Jesu Sieg gilt mir!

Paulus fragt nun weiter: Doch woher nimmt der Tod eigentlich seine **Macht**? Mit welcher Berechtigung handelt der Tod so? Der Tod kam als Strafe für die Sünde in die Welt (vgl. 1 Mo 2,16f). Röm 6,23: „Denn der Lohn, den die Sünde zahlt, ist der Tod." Das bedeutet: Nach dem Sündenfall lebte der Mensch weiter, war aber geistlich tot (vgl. Einheit 6). Dies zog auch seinen körperlichen Tod nach sich. Doch solange er lebt, kann er nicht anders als zu sündigen, weil er von Gott getrennt ist – ausgewiesen aus dem Paradies. D. h., der Tod spielt seine Macht schon vor unserem körperlichen Tod aus, indem er uns zwingt zu sündigen. Wie es bei manchen Gipfeltouren eine Todeszone zu durchqueren gibt, so leben wir unser ganzes Leben lang in der Todeszone.

Infolge dieses Zwangs zum Sündigen muss jeder Mensch auch sterben. Das ist das **Gesetz**, das der Tod uns vorhält. Er stellt uns unsere eigene Schuld vor Augen und spricht über uns Sünder das Todesurteil: „Weil du sündigst, hast du den Tod verdient! Du bist selbst schuld!" Dieses Gesetz ist der Treibstachel, den der Tod nur zu gerne gegen uns führt.

Die befreiende Botschaft ist: Der schuldlose Tod Jesu durchbricht diese Kausalität. Christus **hat uns vom Fluch des Gesetzes losgekauft, indem er an unserer Stelle den Fluch getragen hat** (vgl. Gal 3,13). Sein stellvertretendes Sterben für uns als unschuldiges Lamm (vgl. Jes 53,4-7) entmachtete die Logik und Herrschaft des Todes. In Bindung an diesen Jesus Christus ist daher wieder geistliches Leben möglich und infolgedessen auch körperliches ewiges Leben. Darum ist Gott in höchstem Maße zu loben, der diese Befreiung durch Jesus Christus schenkte und uns durch seinen Heiligen Geist zukommen lässt.

Gordon D. Fee und
Douglas Stuart

Effektives Bibelstudium

Die Bibel verstehen und auslegen

384 Seiten, gebunden
ISBN 978-3-7655-0602-4

„Die Bibel – ein Buch mit sieben Siegeln? Dieses altbekannte Vorurteil wird auf jeder Seite dieses Buches widerlegt. Bibellesen wird spannend, wenn man die Texte richtig versteht und weiß, wie sie auszulegen und anzuwenden sind. Was hat der Text seinen ursprünglichen Lesern gesagt? Und was bedeutet er für uns heute? Um diese zwei Fragen zu beantworten, muss man wissen, was für einen Text man vor sich hat: Ein Gedicht ist kein historischer Bericht, und ein historischer Bericht ist kein für alle Zeiten verbindlicher Gesetzestext. Evangelien, Gleichnisse, Offenbarung – ‚Effektives Bibelstudium' stellt die verschiedenen Textgattungen der Bibel vor und zeigt anschaulich, wie sie zu verstehen sind. Das Buch, das man braucht, um die ‚sieben Siegel' der Bibel zu brechen – damit Bibellesen Freude bringt und nicht in die Irre führt."

Otto Ziegelmeier auf theology.de

Tim Dowley

Brunnen Bibelatlas

BRUNNEN

BIBELATLAS

TIM DOWLEY

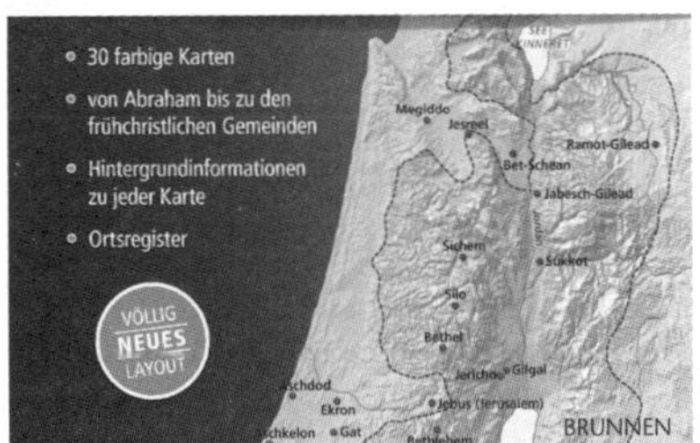

32 Seiten
ISBN 978-3-7655-6199-3

Auf 32 Seiten bieten detailgenaue Reliefkarten einen Überblick über die Geografie der Bibel: Ereignisse, Orte, Reiserouten, Grenzen von Ländern und Stammesgebieten sind in den Karten verzeichnet. Der kompakte „BRUNNEN Bibelatlas" – nun völlig überarbeitet und im neuen Design.

Brunnen Verlag GmbH
www.brunnen-verlag.de